AF247677

MONARCHIE

NATIONALE.

Les Français ont le droit de publier et de faire imprimer leurs opinions, en se conformant aux lois qui doivent réprimer les abus de cette liberté (*Article VIII de la Charte de 1814.*)

Le changement de dynastie n'ayant apporté aucune modification à l'article ci-dessus mentionné, je crois pouvoir, comme tant d'autres l'ont fait avant moi, publier les miennes; elles ont pour base la justice, pour objet l'intérêt général et l'union entre tous les Français dont la dissidence est l'effet des opinions diverses, c'est pour rappeler les extrêmes à un centre commun que je me suis occupé de présenter l'aperçu d'une monarchie nationale qui se rapprocherait le plus possible de la constitution de 1789.

La Charte actuelle nous la tenons de Louis XVIII, et c'était de sa part une concession volontaire qu'il faisait à la nation par le libre exercice de son autorité royale, ainsi s'expliquait le monarque qui reconnaissait tenir son autorité de Dieu seul et son droit de l'hérédité. La révolution de juillet 1830 a substitué le droit du peuple au droit divin ; ainsi l'a voulu celui qui d'après les décrets de sa providence immuable règle les destinées des empires. C'est donc du peuple que le roi actuel (Louis-Philippe) tient son autorité ; la souveraineté réside conséquemment et essentiellement dans le peuple. Ce principe depuis six ans est admis et proclamé.

Mais il ne suffit pas de poser un principe, il faut en déduire des conséquences justes.

Quel est le premier attribut de la souveraineté ? N'est-ce pas de faire les lois et particulièrement les lois fondamentales qui deviennent le pacte social qui lie tous les habitans d'un même pays. Il est physiquement impossible que tous y concourent directement, mais tous le peuvent indirectement par des mandataires élus par eux : voilà la conséquence que l'assemblée constituante avait tirée de ce principe de la souveraineté du peuple, et elle crut, pour ne pas la rendre illusoire, ne mettre d'autre condition pour chaque citoyen que de payer une contribution personnelle de trois journées de travail pour participer à l'exercice de la souveraineté nationale ; aujourd'hui il faut payer deux cents francs de contribution pour concourir à l'élection des députés au Corps-Législatif. Le Corps-Législatif fait les lois ; la loi doit être chez un peuple libre l'expression de la volonté générale. Les citoyens qui paient moins de deux cents francs ont-ils cédé leurs droits à ceux qui paient cette contribution ?... Non, ils en ont été privés par la considération que l'homme qui n'est pas assez riche pour y satisfaire ne peut être suffisamment intéressé au maintien de l'ordre public.

C'est pour détruire cette prévention injurieuse pour la très grande majorité des Français que je me suis livré à ce travail dont le premier objet est de prouver le vice de la loi actuelle des élections et les avantages qui résulteraient des élections indirectes auxquelles seraient appelés à concourir tous les citoyens qui pairaient la contribution personnelle de trois journées de travail.

A mes observations sur cette loi importante j'ai ajouté quelques réflexions sur la loi municipale. Lorsque je m'occupais dans mes momens de loisir à jeter mes idées sur le papier dans le courant de décembre 1833, ce n'était certainement pas avec l'intention de leur donner de la publicité par la voie de l'impression, l'objet, par son exiguité matérielle, malgré son importance morale, n'aurait pas fixé l'attention publique ; je n'ai donc repris la plume qu'à l'époque des événemens de Paris et Lyon qui me parurent être le signal d'une insurrection générale contre le gouvernement établi depuis 1830. Cette insurrection a été, il est vrai, comprimée par la force ; mais la cause qui l'a produite n'a pas été détruite ; j'ai donc cru devoir dans l'intérêt de la tranquilité publique m'occuper de la recherche de cette cause et des moyens de prévenir de pareils malheurs pour l'avenir. Voilà ce qui fait suite à mes observations sur les lois électorales et municipales.

Sans me piquer d'une très grande perspicacité, je crois avoir reconnu la cause de nos perturbations politiques, et je les ai signalé ; son développement m'a conduit nécessairement à des observations sur les différentes branches de l'administration générale du royaume. Elle ne paraît pas trop déplacée à ceux de mes lecteurs qui, comme moi, n'ont d'autre ambition que de concourir à l'amélioration de notre système gouvernemental.

Je préviens que, parlant de l'aristocratie nouvelle, je suis bien éloigné de comprendre sous cette dénomination les électeurs en général, mais seulement les hommes qui ont profité de la révolution de juillet 1830 pour établir un ordre de choses tel qu'eux seuls et leur protégés peuvent jouir des faveurs du gouvernement.

Voilà où j'en étais rendu de mon opuscule à l'époque des dernières élections ; les intrigues des hommes influens des deux partis, les libéraux et les ministériels me fournissent le sujet de quelques lignes que je redisais le jour même, et le peu que j'ai dit à cette occasion justifie mes observations précédentes.

Un homme de génie sans se donner autant de peine que moi aurait donné à un sujet d'une aussi haute importance tous les développemens dont il est susceptible. Mes idées ne sont que des matériaux grossièrement ébauchés, mais ils sont reconnus de bonne qualité ; je verrais avec la plus grande satisfaction une plume plus exercée que la mienne leur donner le poli nécessaire pour être mis en œuvre dans le grand édifice du bonheur social.

Mon opuscule, terminé le 14 juillet 1834, je restai long temps stationnaire, je ne voyais pas la matière suffisante d'un volume passable. Il m'aurait fallu donner à mes idées plus de développement pour atteindre mon but qui était celui de la publicité ; enfin, après de mûres réflexions, j'ai pensé que mes opinions pouvant paraître surannées, je devais m'assurer l'attention et la bienveillance des lecteurs par quelque chose qui aurait le piquant de la nouveauté. Je mis donc la main à l'œuvre pour faire ce quelque chose qui, en s'adaptant au sujet principal, pourrait le précéder comme il le précède réellement.

J'adresse la parole à qui veut l'entendre, depuis les hommes élevés aux dignités les plus éminentes jusqu'au simple artisan comme moi : je dis aux premiers avec tout le respect que l'on doit aux dépositaires de l'autorité supérieure que tous les rafinemens de la politique ne valent pas la justice, car elle seule peut assurer aux hommes d'état la considération et la confiance nécessaires pour bien administrer. Je prouve aux pairs de France et aux législateurs que leurs attributions peuvent être attaquées d'illégalité, puisqu'ils ne les tiennent pas du peuple reconnu souverain ; je prouve également que cette souveraineté est la généralité des citoyens où tout au moins celles des contribuables ; cela me conduit à un colloque assez long avec les éligibles et les électeurs.

Quant à ce que je dis à la portion du peuple qui ne fait pas partie des classes supérieures, l'on ne peut me faire le reproche de tenir le langage d'un démagogue insensé ; je lui parle encore plus de ses devoirs que de ses droits et je ne lui indique pour en obtenir la restitution que le moyen avoué par les lois de la constitution actuelle à laquelle l'on doit obéissance ainsi que fidélité au roi. Les conseils que je donne à mes jeunes compatriotes suffisent pour prouver la pureté de mes intentions, ce n'est pas contre la forme du gouvernement que je dirige mes attaques, mais contre les abus qui ne disparaîtront que lorsque l'on aura reconnu le principe de l'égalité des droits qui peut seul opérer une heureuse fusion de toutes les parties et assurer la tranquillité publique et par suite la prospérité du pays.

Pour obtenir cet heureux résultat, il faudrait trouver des dispositions favorables de la part des hommes du pouvoir, l'on ne doit gnère y compter, loin de rien faire en faveur de la liberté du peuple, ces hommes ne paraissent voir leur puissance bien consolidée que sur la nullité à laquelle il est assujéti : ils croient peut-être même qu'avec l'appui des premières notabilités, ils pourront lui imprimer, s'ils le jugent nécessaire, les stygmates de l'absolutisme.

Qu'ils y prennent garde pourtant, car dans les choses humaines, comme dans la nature, les extrêmes se touchent ; c'est pour éviter que l'on en vienne à ces extrêmes que j'ai cru devoir ajouter à mes idées sur l'établissement possible d'une monarchie nationale, un système d'aristocratie tolérable; le tout, comme je l'ai dit, n'est que des observations et mes opinions particulières qui trouveront beaucoup de sympathie dans toutes les classes, même les plus élevées.

Maintenant que j'ai préparé mes lecteurs par cette introduction, je commence par adresser la parole à messieurs les ministres, et, suivant l'ordre des omnipotences, aux pairs de France, aux législateurs et aux électeurs des deux degrés; enfin à tous les Français qui ne font point partie de ces catégories.

Ministres, que la confiance du monarque a appelés à partager avec lui le fardeau de l'administration du royaume, ne dédaignez pas de jeter les yeux sur ce petit ouvrage; il contient des principes qui sont supérieurs à vos doctrines : ces principes sont fondés sur la justice, et leur application peut seule, en mettant un terme à toutes les agitations, assurer le bonheur et la gloire de notre commune patrie. Ne pensez pas pouvoir toujours tenir dans une humiliante dépendance des hommes qui connaissent leurs droits; et si, jusqu'à ce jour, vous avez réussi à comprimer par la force brutale des armes, le mécontentement général, appréhendez, par l'abus de votre autorité, de provoquer une irruption telle que ce moyen deviendrait impuissant. Abjurez donc, messieurs, vos fausses doctrines, revenez aux vrais principes et aux conséquences justes que j'en ai déduites; ne vous faites pas un mérite de votre opiniâtreté; hommes imprudens, ne craignez-vous pas de voir se rouvrir le cratère du volcan révolutionnaire ? Êtes-vous assez présomptueux pour croire que vous pourriez en arrêter l'éruption? Vous deviendriez les premières victimes de sa lave dévorante. Prévenez donc ce malheur en faisant reconnaître le droit de chacun à la participation de la souveraineté, droit réel, proclamé, reconnu et cependant sans effet pour la majorité des Français.

Pairs de France, vous êtes pour la plupart pères de famille; j'ose me permettre de vous demander si vous pourriez, sans injustice, priver quelques-uns de vos enfans de leurs droits à vos héritages, à moins qu'ils n'eussent encouru cette disgrâce par une mauvaise conduite.

Votre réponse à ma demande ne peut être que celle que l'on doit attendre de bons pères qui ont pour tous leurs enfans une égale tendresse. Eh bien! messieurs, appliquez cette réponse dictée par le sentiment de la nature à tous les enfans de la grande famille, vous m'entendez! et le plus grand nombre, et incontestablement le plus méritant exclu du droit commun, y participera comme la faible portion aujourd'hui favorisée : ce ne sera de votre part qu'un acte de justice qui ne vous attirera pas moins la bienveillance du peuple français, qui, dans l'effusion de sa reconnaissance, vous proclamera les pères de la patrie. *Patres patriæ.*

Je sais qu'il n'y a que similitude de prononciation entre pair de France et père de famille; mais le mot prête à l'allusion que je me suis permise et dont personne ne peut s'offenser. Il serait possible que cela excitât l'hilarité de quelques-uns de mes lecteurs; mais nous sommes dans un temps où l'on rit de tout.

Législateurs de la France, à ce titre flatteur que vous devez à vos fortunes, il en est un autre plus imposant que vous pouvez assurer à vos successeurs, c'est celui de *représentant de la nation.*

J'ai dit que vous pouvez, que vous devez, et pour vous en convaincre, lisez mon ouvrage. Vous ne pouvez, messieurs, rejeter les deux grands principes que la souveraineté réside dans le peuple, et que la loi doit être l'expression de la volonté générale. Pour que la loi soit l'expression de la volonté générale, il est indispensable que la généralité des citoyens concoure à la nomination des hommes appelés à donner des lois au pays et que leur élection les constitue représentans de la nation. La Charte actuelle, en vertu de laquelle vous jouissez du privilége important de parvenir à la législature, n'est pas l'œuvre de la nation ; elle aurait dû disparaître avec le monarque qui en avait juré le maintien, et qui, pour assurer l'infraction de son serment, a fait couler à grands flots le sang français ; il a subi la peine des parjures, vous avez prononcé sa déchéance. Vous deviez dans cette circonstance en proclamant un nouveau roi, donner à la France une nouvelle constitution qui n'eût pas été en opposition avec les principes de la liberté et l'égalité des droits. J'ai donc raison de dire que ces mémorables journées de juillet 1830 n'ont procuré au peuple français aucun avantage réel, et que vous seuls en avez profité. Cessez de mériter ce reproche bien fondé, annulez la loi actuelle des élections, prévenez le vœu général par une nouvelle loi qui appelle tous les citoyens qui supportent les charges de l'état, à la nomination des électeurs, ce titre cessera d'être un privilége, et deviendra pour les élus un témoignage d'estime et de confiance de leurs concitoyens, et les députés élus par ces électeurs auront alors, et seulement alors un pouvoir légal. C'est à ces députés, vraiment représentans de la nation, qu'appartiendra la gloire de secouer la poussière dont les factions qui se sont succédées depuis 1793 jusqu'à ce jour, ont couvert les feuilles de la constitution de 1789, fruit des méditations des plus sages législateurs, et c'est à son rétablissement que la France devra sa tranquillité intérieure et sa considération au dehors.

Plus qu'un mot. Un entretien avec messieurs les électeurs et messieurs les éligibles.

MESSIEURS LES ÉLECTEURS,

C'est à vous à qui j'adresse premièrement la parole. Quel est votre titre à l'électorat ? une quittance de contribution. Quelles sont vos attributions ? Nommer les députés au Corps-Législatif. Ces députés, avez-vous la faculté de les choisir parmi ceux d'entre vous que vous jugez les plus dignes de cette importante fonction ? Non, vous êtes restreins dans votre choix. Les contribuables de 1,000 francs ont seuls le privilége d'être députés, ainsi l'a déterminé la Charte constitutionnelle de 1814, qu'un prince placé sur le trône de ses pères par les baïonnettes étrangères a bien voulu, et par sa pure bonté, accorder à la nation.

Ce monarque, à la prudence duquel je me plais à rendre hommage, avait cru qu'il suffisait, pour affermir sa puissance, de s'affectionner par des distinctions honorables la portion du peuple la plus opulente : *Voilà la base de la constitution actuelle.* Pendant la durée de son règne, la sagesse de son administration, l'ordre et l'économie dans les dépenses facilitèrent à Louis XVIII le moyen de payer la dette contractée avec les puissances coalisées, et, par considération pour sa personne, le sol français fut plutôt qu'on s'y attendait dégagé de la présence de leurs soldats.

Ainsi, dans mon petit ouvrage que je vous invite, messieurs, à vouloir bien lire, vous verrez comment je m'exprime en parlant de ce prudent roi.

Charles X, son successeur, s'écarta de la ligne tracée.

Sa prédilection pour l'ancienne noblesse excita les mécontentemens de la haute bourgeoisie, que je qualifie de nouveaux nobles sans parchemin. Il s'entoura de mauvais conseillers ; il avait solennellement juré le maintien de la Charte : il viola son serment. Il se crut sûr de cette garde nombreuse qui l'entourait et lui était dévouée. Il fut sourd à la voix des hommes prudens qui lui conseillaient de retirer les ordonnances inconstitutionnelles.

Lui, sa garde, ses perfides, au moins imprudens conseillers, tout est tombé et a disparu devant la puissance d'une population exaspérée. *Grand exemple pour les rois et leurs ministres.*

Mais quel a été le résultat de ce coup de théâtre que l'on appelle la révolution de juillet 1830? Quels avantages le peuple en a-t-il retirés? aucun.

Et vous-mêmes êtes-vous plus favorisés? je ne le vois pas, toutes les premières places de l'état ne sont-elles pas le patrimoine de ces nobles bourgeois; vous êtes seulement leur marche-pied pour y parvenir; ils font, il est vrai, pour obtenir vos suffrages, de belles professions de foi : y tiennent-ils pour la plupart?

Le fardeau des impôts va toujours croissant et les abus se multiplient. Ces hommes que je dis avec raison être les arbitres des destinées de la France, ne voient plus aucune barrière qui puisse les arrêter. A vous, messieurs, appartient la gloire de forcer ces têtes altières à plier sous le niveau de l'égalité des droits.

Et pour y parvenir il est un moyen simple, c'est de renoncer à votre titre d'électeur en déclarant que vous ne voulez à l'avenir le tenir que de la confiance de vos concitoyens et non de vos fortunes, que ce titre, si vous l'obtenez, est pour vous une distinction honorable et non un privilége.

Ce sacrifice, si toute fois c'en est un, vous en serez bien payé, messieurs, par la satisfaction que vous éprouverez d'avoir concouru à la restauration des principes d'un gouvernement qui serait alors vraiment national et sous lequel l'homme de mérite, avec la garantie de sa moralité, jouirait des mêmes avantages que l'homme riche, qui quelquefois n'a pour lui que sa fortune. Il me paraît que la terre, qui sans culture ne produirait que des ronces et des épines, ne vaut pas l'homme qui la fertilise par le travail de ses bras, et qu'une maison vaut moins que l'architecte qui en a tracé le plan, le maçon qui l'a bâtie et tous les ouvriers qui ont concuru à son ameublement et à son embellissement.

C'est en lisant mon petit ouvrage, messieurs, que vous pouvez vous convaincre de la solidité de mes observations, et vous vous déciderez, je n'en doute, pas à mettre en pratique le conseil que je vous donne dans l'intérêt du pays.

Que veut-on entendre par ce mot aujourd'hui si usité, *intérêt du pays*, si ce n'est l'intérêt général. Eh bien ! messieurs, cet intérêt général, auquel le votre ne peut être étranger, vous êtes réduits à en confier le dépôt à des hommes dont le plus grand nombre se trouve, par sa position sociale, avoir des intérêts diamétralement opposés àmaintenir. Je vous le demande, messieurs, que réclame, avec justice, l'intérêt général ?

Le droit commun à tout Français qui contribue à supporter le fardeau des impôts, et qui de plus est armé pour le maintien de l'ordre public, de concourir à la nomination, je ne dis pas des députés au Corps-Législatif, mais seulement des électeurs, et que ces derniers ne soient pas restreints dans leur choix.

Voilà le seul moyen de faire disparaître cette aristocratie, toujours prête à sacrifier à l'exigence du pouvoir les principes et les droits les plus généralement reconnus, et dont toute l'énergie est réservée pour le maintien de ses priviléges.

MESSIEURS LES ÉLIGIBLES,

Aux observations que je me suis permis de faire aux électeurs et qui vous sont applicables, j'en ajouterai d'autres qui vous sont personnelles. Je vous le demande que désire l'homme riche qui n'ambitionne pas les honneurs? Jouir paisiblement de sa fortune. L'état actuel de la société ne lui a pas assuré cette sécurité que peut seule compléter son bonheur; il existe dans la Charte constitutionnelle un germe de division entre les différentes classes de citoyens, et conséquemment un motif, ou si vous le voulez, un prétexte d'iusurrection; je l'ai signalé et il vous est bien connu; il me paraît indispensable pour assurer et établir le maintien de l'ordre public d'intéresser tous les Français à y concourir, c'est ce que vous pouvez faire en les réintégrant dans l'exercice de leur droit civil et politique, sous une condition facile à remplir. Si vous voulez bien, messieurs, jeter les yeux sur mon petit ouvrage, vous remarquerez que je dis que toute institution fondée sur la justice doit subsister long temps. Une conséquence naturelle à déduire de ce principe, appuyé de l'expérience de tous les temps, c'est que toute institution qui n'a pas cette base essentielle de stabilité ne peut et n'aura jamais qu'une existence éphémère. Oubliez, messieurs, si cela est possible, pour un instant seulement, que vous êtes éligibles au Corps-Législatif, et veuillez bien répondre aux questions de droit public que je vais soumettre à votre décision.

Vous n'y répondrez pas plus que vous ne lirez ce que j'écris, ce qui va m'obliger de sortir aussi, moi, de ma position obscure et de me placer à votre hauteur, afin de répondre pour vous et de la manière la plus convenable, à votre prérogative et à votre privilége.

PREMIÈRE QUESTION.

Pouvez-vous dire et prouver que la souveraineté émane du peuple, puisqu'il n'y a qu'une très faible portion du peuple qui jouit du droit qui constitue réellement cette souveraineté?

Voilà, je présume, votre réponse.

Le peuple n'est pas assez instruit pour jouir de ses droits.

Indépendamment que par cette réponse vous connaissiez le droit du peuple, vous ne pouvez vous dispenser de convenir qu'un très grand nombre d'électeurs n'a pas le degré d'instruction voulue. Combien ne s'en trouve-t-il pas parmi eux qui ne savent ni lire ni écrire!

DEUXIÈME QUESTION.

Peut-on considérer les lois comme l'expression de la volonté générale, puisque la nomination des législateurs est déférée à un très petit nombre de citoyens qui ne sont pas mandataires de la majorité.

Vous ne pouvez, messieurs, ou plutôt, je ne peux répondre en votre nom d'une manière satisfaisante à cette question; cependant, je dirai, comme vous le prouvez par le fait, que cette souveraineté du peuple, n'est qu'un vain mot, que vos fortunes vous donnent le droit d'être ses représentans et que d'ailleursce privilége, excepté tous les Français sont égaux devant la loi, et moi, je vous fait observer que, lorsqu'il y a privilége, il n'y a plus égalité.

TROISIÈME QUESTION.

Les intérêts de la majorité de la nation doivent-ils être confiés et sans mandat spécial à la minorité.

Voilà, messieurs, en ma qualité de votre interprète, ce que je crois pouvoir répondre.

Tous les intérêts ne se confondent-ils pas et si nous avons le privilége de donner des lois à nos compatriotes, n'y sommes-nous pas soumis comme eux.

Cela est vrai jusqu'à un certain point; mais lorsqu'il est question, ce qui arrive tous les ans, de faire droit aux demandes des ministres pour une augmentation d'impôt ne voit-on pas que vous avez toujours le bon esprit de vous mettre en dehors, comme propriétaire et de faire sup-porter ces surcharges par le commerce et l'industrie.

Je veux bien perdre pour un moment de vue les intérét matériels et convenir que vous assurez la garantie d'ordre, mais qui assurera au peuple la garantie du peu de liberté que l'on veut bien lui accorder? Ce ne peut être que des représentans dont les intérêts ne seront pas étrangers aux siens, et pour qu'il ait ses représentans, il ne faut pas exclure de la législature les hom à capacité, privés des avantages de la fortune; il faut enfin que le peuple concourt à leur nomination et pour s'asurer de leur indépendance qu'il s'est convenablement rétribué pendant l'exercice de leurs fonctions.

QUATRIÈME QUESTION.

Pourra-t-on craindre que la tranquilité publique sera troublée lorsque la généralité des habitans sera intéressée à la maintenir toujours par votre organe, je réponds :

Il est vrai que la généralité des habitans est intéressée au maintien du bon ordre; mais il se trouvera toujours des hommes qui, par leurs talens oratoires, captiveront la confiance du peuple et si ces hommes n'ont pas une grande fortune, le désir de l'acquérir, joint à l'ambition de s'élever aux premières places, pourrait bien les porter à changer la forme du gouvernement, ou tout au moins à y faire des innovations.

Je vais, messieurs, dissiper ces inquiétudes; les as-

semblées primaires, de même que les colléges électoraux n'auraient d'autres attributions que de nommer
des électeurs et des députés, et les députés ne pourraient en aucun cas, ni sous aucun prétexte, changer la
forme du gouvernement qui serait toujours la monarchie constitutionnelle, reconnue héréditaire dans la famille régnante d'Orléans. C'est au peuple seul réuni
en assemblée primaire qu'appartient le droit de changer
la forme de son gouvernement. Et j'ose me permettre
d'avancer que, tant que le pouvoir se maintiendra dans
les limites qui lui seront tracées par la constitution, le
peuple français n'aura jamais recours à ce moyen ex-
trême; il doit être assez fatigué de révolutions et de réactions; mais le gouvernement ne peut compter sur son
affection, qu'en lui restituant son droit légitime et s'il
est vrai qu'il l'a exercé, en élevant sur le trône la dynastie régnante, il doit, à plus forte raison, en jouir
pour l'y maintenir.

CINQUIÈME QUESTION.

Doit-il exister de privilége dans un gouvernement
libre?

Voilà, messieurs, la réponse que je crois pouvoir supposer.

Les citoyens qui offrent le plus de garantie doivent
tenir le premier rang dans la société.

Maintenant, mes observations. Du moment que, dans
ma monarchie nationale, vos propriétés qui ne sont pas
vos personnes sont mises sous la sauve-garde de tous les
citoyens, vous n'avez aucun privilége à réclamer; mais,
comme vous aimez les distinctions flatteuses, j'ai été au
devant de vos désirs. Lorsque la confiance de vos compatriotes vous aura appelés à remplir des fonctions im-
portantes, le titre d'honorable citoyen vous sera accordé,

et celui d'illustre, quand vous l'aurez mérité par des services éminens rendus à la patrie. Ces titres, aux yeux des hommes sensés valent bien ceux de comte, baron et autres dont l'ancienne et la nouvelle noblesse pourront continuer de se prévaloir.

Ces titres ne procurant aux titulaires aucun privilége, l'on ne doit y mettre aucune importance, il sont du domaine de la vanité.

SIXIÈME QUESTION.

Peut-on supposer que le législateur aît eu l'intention d'affecter le droit de représentatation à la propriété et non aux propriétaires.

Messieurs, je me trouve embarrassé pour tirer de cette supposition une conséquence en votre faveur.

Il est certain que le législateur Louis XVIII ne reconnaissait pas la souveraineté du peuple, et, comme je le dis dans mon ouvrage, il lui avait paru que, pour affermir son gouvernement, il lui suffisait de s'assurer l'affection des grands propriétaires; mais, depuis 1830, les choses ont changé de face, le principe de la souveraineté nationale a été proclamé, il serait absurde de dire que cette souveraineté réside dans la propriété, puisque plus des deux tiers de la propriété sont privés de la participation à l'exercice de cette ridicule souveraineté. Il faut donc reconnaître la souveraineté, au moins dans les propriétaires, que tout y participe, et, pour cela, il faut nécessairement admettre deux degrés d'élection ou que tous les propriétaires soient électeurs de droit.

SEPTIÈME QUESTION.

Depuis 1830, jusqu'à ce jour, l'expérience a-t-elle prouvé que la constitution du pays et le gouvernement actuel avaient atteint un degré de perfectibilité qu'ils ne laissaient plus rien à désirer à la nation pour lui assurer le double avantage de la paix intérieure et de la considération au dehors.

Voilà, messieurs, la réponse que ceux d'entre vous qui ont des emplois importans feront à cette interpellation : La Charte constitutionnelle de 1814 a subit des corrections par suite des événemens de 1830. Le peuple en a paru satisfait; et, si des insurrections ont éclaté sur différens points de la France, l'on ne doit les attribuer qu'à des factieux dévorés d'ambition, qui, sous le masque de la liberté et de l'égalité des droits, cherchaient à établir un gouvernement populaire dont ils se seraient, bien entendu, faits les chefs.

OBSERVATIONS.

Les factieux n'ont pu exercer de l'influence sur leurs compatriotes qu'en leur faisant connaître qu'ils étaient privés de l'exercice de leurs droits, dont le plus important est celui de concourir à la nomination des députés au Corps-Législatif. Il faut donc, pour assurer la tranquillité intérieure, adopter le moyen unique que je propose et, comme je l'ai dit, toute insurrection deviendra impossible.

Voilà le premier avantage pour le pays; le second sera d'inspirer plus de confiance à nos alliés actuels. Pour arriver à cet heureux résultat, messieurs les éligibles, je vous invite à suivre le conseil que je donne aux électeurs; en le faisant, vous prouverez à vos compatriotes que vous êtes les descendans ou les premiers fondateurs de cette liberté, proclamée en 1789, qui était alors le patrimoine de tous les Français, et qui aujourd'hui est devenue la propriété d'un petit nombre d'entre eux. Pour en finir, messieurs les électeurs et éligibles, établissez un parallèle entre la situation de la France, depuis 1814 jusqu'à 1830, avec celle où elle se trouve depuis cette dernière époque, jusqu'à ce jour, et prononcez. C'est, il est vrai, les mêmes lois qui nous régissent; mais ce ne sont pas les mêmes hommes qui sont chargés de leur exécution. La France, sous le règne de Louis XVIII, était paisible sans être libre. Mon ouvrage vous fera connaître ce que j'entends par un peuple libre; mais enfin elle jouissait de l'avantage inappréciable de la tranquillité intérieure.. Depuis 1830, à quoi doit-on attribuer les insurrections qui ont éclaté?

Vous le savez comme moi quel est le moyen de prévenir de pareils malheurs pour l'avenir? Je vous le fais connaître. Le mettrait-on en œuvre?...... Non les hommes qui se sont emparés de la révolution de juillet et qui l'exploitent à leur profit ont pour eux le glaive de Thémis, mais non pas la balance et de plus les foudres de Mars. Le peuple n'a pour lui que ses droits fondés sur la justice qui, depuis long temps, n'est plus à l'ordre du jour.

CONSEILS A LA JEUNESSE.

Jeunes Français, l'espérance de la patrie, prêtez une oreille attentive à la voix d'un vieux patriote; il ne cherche pas à comprimer votre enthousiasme pour la liberté, mais il désire l'éclairer et en diriger l'action. Le sang qui coule dans vos veines est celui des hommes généreux, qui au prix des plus grands sacrifices, ont renversé le despotisme qui pesait sur la France, avant 1788. La prise de la Bastille fut leur première conquête. Cette assemblée, que nulle autre n'a égalée depuis, connue sous la dénomination d'assemblée constituante, et composée des trois ordres de l'état, fixa les bases d'une monarchie vraiment nationale : une liberté qui n'avait d'autres limites que celle indispensable au maintien de l'ordre social, l'égalité devant la loi, la souveraineté du peuple et la participation à une condition facile à remplir pour tous les Français; l'abolition des priviléges et de la féodalité furent les principes fondamentaux de la constitution de 1789. Cette constitution, qui repoussait toute aristocratie, est l'objet de mes vœux et de ceux des patriotes de cette époque.

Jeunes gens, dont le mot de ralignement est aujourd'hui la république, réfléchissez, autant que votre âge vous permet de le faire, sur les difficultés à surmonter pour établir ce gouvernement diamétralement opposé à celui existant. Trois parties bien prononcées divisent d'opinion les Français. Le gouvernement actuel, indépendemment des salariés civils et militaires, a pour lui de nombreux partisans : ce sont les hommes que le mot seul de républicain fait pâlir. Voilà le premier parti et le plus nombreux il faut en convenir. Les légitimistes, moins nombreux, il est vrai, feraient peut-être cause commune avec vous; mais, par des motifs tout opposés à ceux qui vous feraient agir, ce parti, que je place au second rang, n'a pas renoncé à ses espérances; ne comptez pas sur son concours pour arriver au but que vous proposez, qui doit être la liberté et l'égalité des droits civiques. Les hommes de ce parti se sont assez fait connaître par leur attachement servile au pouvoir : un homme est pour eux la patrie. Le troisième parti, celui de la république, que je suppose le vôtre, il faut une nouvelle révolution pour le faire triompher. Je ne la crois pas possible pour le moment ; j'entends une révolution générale : les insurrections partielles ne sont autre chose que la guerre civile ; peut-on de sang-froid attirer sur son pays ce terrible fléau, lorsque l'on peut, sans avoir recours à ce désastreux moyen, obtenir ce que l'on a droit d'exiger ? Qu'avez-vous le droit d'exiger comme la très grande majorité des Français ? la participation à l'exercice de la souveraineté. Quel est le moyen, me demanderez-vous de l'obtenir ? c'est de le réclamer, et, pour cela ne former qu'un faisseau de volontés avec vos pères, vos parens et la masse de vos compatriotes. Mais, pour que les pétitions aient leur effet, il faut qu'elles soient universelles. Lisez, mes jeunes amis, mon ouvrage ; ne vous arrêtez pas au style, mais plutôt à la force du raisonnement, et appréciez les motifs qui m'ont déterminé à donner de la publicité à mes opinions. Vous remarquerez que c'est le désir de procurer à tout Français qui supporte les charges de l'état, le titre de citoyen et les avantages qui y sont attachés. Voilà ce que l'on devait attendre de la révolution de juillet 1830, et ce que l'on ne peut obtenir tant que la loi actuelle des élections sera maintenue *in statu quo.*

C'est donc l'abolition de cette loi aristocratique qui doit faire le principal objet des pétitions, et ce ne sera que par le résultat des élections indirectes, que, comme je l'ai démontré d'une manière à convaincre les plus opiniâtres opposans, que la France peut avoir une représentation vraiment nationale qui épurera toutes les lois marquées au coin de l'intérêt particulier et leur appliquera le sceau de l'intérêt général, quand cette heureuse révolution, qui ne coûtera à personne ni larmes ni sang, se sera opérée, les idées républicaines s'affaibliront. Alors la constitution de 1789 paraîtra à l'horison comme un météore resplendissant de lumière ; elle servira aux nouveaux législateurs de la France de pierre de touche pour distinguer celles des lois faites depuis tant d'années, qui seraient entachées d'aristocratie, et, comme il est parlé dans l'Évangile, elle serait jetée au feu; mais les lois fondées sur la justice et qui auraient pour objet le bonheur de tous, seraient conservées pour être déposées dans les greniers du père de famille, je veux dire faire partie du Code de nos lois nationales. Jeunes gens dont l'imagination s'enflamme à la lecture des beaux traits d'histoire d'Athènes et de Rome, les événemens militaires et les actes civiques qui ont eu lieu depuis 1789 jusqu'à ce jour dans votre patrie, sont de nature à porter cette exaltation à un plus haut degré : il n'est pas de mon sujet d'en faire l'énumération. Je conviens avec vous que c'est sous le gouvernement républicain que les actions les plus héroïques ont eu lieu. Nos armées avaient à combattre l'Europe coalisée; le territoire français, envahi par les satellites des despotes, ne tarda pas à être dégagé de leur présence, et les défenseurs de la patrie portèrent leurs armes triomphantes au-delà du Rhin, des Alpes et des Pyrénées; mais, au milieu de ces succès éclatans, quelle était la situation intérieure de la France? Le tableau en est déchirant : de féroces proconsuls promenaient sur le sol de la patrie la hache révolutionnaire, et, au nom de la liberté, exerçaient la tyrannie la plus oppressive. Les progrès de la civilisation, me direz-vous peut-être, doivent dissiper toutes les inquiétudes que l'on pourrait concevoir sur la reproduction de ces scènes sanglantes, dans le cas que la république serait proclamée. Je le veux bien, plutôt par complaisance que par conviction; mais, pour qu'un gouvernement soit légal, il faut qu'il ait l'assentiment de la majorité de la nation, ou c'est une faction qui gouverne. Je crois, messieurs et jeunes compatriotes, que vous ne voudriez pas donner des lois à vos pères. je vous invite, et, pour vos intérêts, à faire cause commune avec tous les Français, partisans de la liberté, de l'égalité, mais, ennemis de tout système qui pourrait troubler la tranquillité publique, adoptez ma devise : LIBERTÉ, ÉGALITÉ, JUSTICE DANS L'ÉTAT DE PAIX, et, si l'on vous oblige à tirer l'épée contre les ennemis de votre patrie, que votre cri de guerre, comme le fut celui de vos pères, soit toujours, *vivre libre ou mourir.*

APPEL AU PEUPLE.

Vous, pour qui le mot de peuple est une épouvantail, calmez vos inquiétudes, Le titre que je donne au sujet que je vais traiter vous paraît sans doute devoir être une provocation à l'insurrection ; vous êtes dans l'erreur. Mon appel est seulement une invitation que je fais aux différentes classes intermédiaires de la société, de s'affranchir de la dépendance de la classe supérieure, et je ne leur propose que le moyen légal indiqué dans mon petit ouvrage. Mais avant de faire cet appel je crois devoir déterminer la signification générique du mot peuple, eu égard à mon sujet.

Le peuple est la généralité des habitans d'un pays, partout divisé en trois classes.

La première est celle des habitans les plus riches ; elle est la moins nombreuse.

La dernière se compose des simples ouvriers et manœuvres, en grande partie prolétaires. La classe intermédiaire et la plus nombreuse renferme en elle-même toutes les professions utiles et honorables. Les citoyens dont elle se compose supportent toutes les charges publiques. Les citoyens de la première classe jouissent de toute la plénitude de leurs droits civiques. La dernière classe, qui d'ailleurs n'y mettrait aucune importance, doit en être privée par l'effet de la conséquence inverse du principe que j'ai établi en tête de mon ouvrage, de même aussi, par une juste application de ce même principe, la classe intermédiaire doit en jouir comme la première. C'est donc aux hommes des principales conditions de cette classe auxquels j'adresse mon appel. Je commence par ceux qui ont les titres les mieux acquis à l'exercice plein et entier des droits de citoyen.

Militaires de tout grade, qui, après de nombreuses campagnes, êtes rentrés dans vos foyers avec les membres mutilés, auriez-vous obtenu pour prix de votre valeur la décoration des braves, si vous ne payez pas 200 fr. de contributions, après avoir combattu pour la liberté et l'indépendance de votre patrie, vous ne pouvez vous considérer comme hommes libres, vous n'êtes pas citoyens. Vous tous qui exercez les professions les plus distinguées, juges, avocats, avoués, notaires, professeurs des colléges royaux et communaux, employés de toutes les administrations, l'on ne peut certainement vous refuser une instruction suffisante, cependant, si vous ne payez pas 200 fr. de contributions, vous ne pouvez être électeurs et conséquemment hommes libres et citoyens français. Cultivateurs, votre état est incontestablement le plus utile, c'est parmi vous que l'on trouve la bonne foi et cette simplicité des enfans de la nature, mais, à la vérité, généralement parlant, moins d'instruction que dans les professions dont je viens de parler, dans nos colléges électoraux vous égalez en nombre les électeurs citadins, tous vos propriétaires contribuables de 200 francs sont, il est vrai, électeurs; mais, parmi ceux qui paient moins, combien ne s'en trouve-t-il pas qui, quoique moins riches, auraient plus de droit à votre confiance? Eh bien! vous pourrez la leur témoigner si vous devenez hommes libres et citoyens français. Marchands, que vos aristocrates bourgeois qualifient volontiers de boutiquiers, il se trouve parmi vous, et en grand nombre, des électeurs; l'on ne peut vous exclure quand vous justifiez de votre titre par une quittance des contributions : il en est de même de tous les maîtres ouvriers; vous n'avez donc aucune réclamation à faire. Cependant je vous suppose assez généreux pour croire que vous uniriez vos voix à celles de vos confrères et compatriotes, qui, s'ils sont moins riche que vous, ne doivent pas pour cela être privés de leur participation à l'exercice du droit commun, puisque comme vous ils paient contribution personnelle et patente; ils sont en outre, comme vous, gardes nationaux. Leurs enfans, comme les vôtres, sont assujétis au service militaire, c'est donc à eux que mon appel s'adresse. Leur réclamation ne les expose à aucun danger; on ne les tuera pas pour avoir fait usage d'une faveur que leur accorde la Charte constitutionnelle.

Hommes de lettres, par la force du raisonnement et l'élégance du style, suppléez à l'insuffisance de mes capacités pour amener la conviction dans l'âme des hommes aveuglés par l'égoïsme ou la cupidité; vous ne payez pas tous 200 francs de contributions, vous êtes tous dans le cas de mon appel; prouvez donc par des écrits sages et modérés que vous êtes les amis de l'ordre, et que comme moi vous vous ne voulez pas renverser le gouvernement établi, mais seulement en réformer les abus, dont le plus révoltant est d'accorder tout à la fortune et rien au mérite personnel.

Et vous, fils d'Apollon, à quoi vous sert cette brillante réputation? Si vous ne payez pas 200 francs de contributions, vous demeurerez toujours dans la dépendance des enfans de Plutus; chantez donc la liberté et l'égalité; et, si vos chants contribuent à en établir le règne dans notre patrie, vos talens vous procureront ce que l'on ne peut obtenir aujourd'hui qu'à prix d'argent, qui est d'être libres et citoyens français.

Vous tous, à qui j'adresse la parole, ne pensez pas que nos législateurs par esprit de justice vous restituent le droit dont vous êtes privés depuis tant d'années; il faut en demander l'exercice et le faire d'une voix unanime. Je vous présente à cet effet un modèle de pétition, mais non une pétition-modèle, je suis bien loin d'avoir cette prétention; et vous, hommes pusillanimes, égoïstes au superlatif, je crois avoir dissipé vos inquiétudes; vous voyez que je suis comme vous partisant de la monarchie, avec cette différence, cependant, que, dans vos intérêts particuliers, vous préférez la conserver avec son principe aristocratique, et moi, dans l'intérêt général, je désirerais quelle prît une physionomie nationale.

Modèle de pétition.

LÉGISLATEURS,

Dans un pays libre, les citoyens appelés à donner des lois à leurs compatriotes ne peuvent et ne doivent tenir ce pouvoir que d'un mandat du peuple dont ils sont les représentans. Ce mandat, de qui le tenez-vous? des électeurs. Les électeurs sont, il est vrai, une partie du peuple; mais une partie n'est pas la généralité, et comme la généralité ne s'est pas dessaisie de ses droits en faveur de cette partie, vous êtes seulement les représentans des électeurs qui vous ont choisis, et non de la nation qui est privée de concourir à votre nomination par la Charte actuelle. Cette Charte constitutionnelle que Louis XVIII, à son avènement au trône, avait bien voulu par sa pure bonté accorder au peuple français, ne peut plus satisfaire le vœu général; elle n'est favorable qu'aux riches : il faut, pour concilier tous les intérêts, une constitution qui soit une juste conséquence des principes de la souveraineté du peuple et de l'égalité des droits naturels. Cette constitution, messieurs, elle existe : c'est celle de 1789; elle fut accueillie avec enthousiasme par la nation. Remettez-la en vigueur en ce qui concerne les principes de liberté et d'égalité.

L'aristocratie perdrait, il est vrai, ses priviléges; mais doit-il en exister dans une monarchie constitutionelle, où tout doit émaner du peuple et n'avoir de légitime que ce qui est l'expression de la volonté nationale? Eh bien! la volonté nationale repousse tous priviléges : il ne doit plus en exister. Toute aristocratie et catégorie doivent disparaître.

Le vœu général appelle impérieusement le bonheur de tous; il veut indistinctement que les membres de la société, qui, dans la proportion de leurs moyens, supportent les charges de l'état, jouissent des avantages qu'il peut leur procurer, suivant les capacités de chacun. Pour que ce principe fondamental du corps social ait son application pleine et entière, il est indispensable que la loi actuelle des élections soit remplacée par celle des élections à deux degrés ou indirectes. Les électeurs ne peuvent plus continuer de l'être à raison de leur fortune; il faut qu'ils soient délégués par leurs concitoyens, et conséquemment qu'ils soient élus par eux, afin de saisir

le député de leur arrondissement, du mandat législatif.
Alors les lois seront réellement l'expression de la volonté
générale, et toute opposition devra être considérée
comme insurrection et comme crime de lèse-nation.
Mais on ne peut raisonnablement supposer qu'aucune
volonté particulière puisse se mettre en opposition avec
la volonté générale qui aurait pour elle les lois et le
pouvoir chargé de les faire exécuter, et dès lors une insurrection deviendrait impossible, la France ne serait
plus qu'une grande famille, les plus riches acquerraient
plus de sécurité pour la possession de leur fortune, les
moins riches ne seraient pas frappés d'une cédule de ré-
probation, la vertu et le mérite ne seraient point exclus,
une noble émulation s'établirait entre tous les membres
de la société, les mots PATRIE et LIBERTÉ deviendraient le
principal mobile des âmes grandes et généreuses. Législateurs, montrez-vous dignes de ce nom; que la pos-
térité n'ait pas à vous reprocher d'avoir sacrifié à un
sentiment de vanité ou de cupidité les intérêts de votre
pays.

Au résumé, messieurs, les pétitionnaires, dont les
noms suivent, demandent, par les considérations pa-
triotiques qu'ils viennent d'exposer, une nouvelle loi
électorale conforme aux principes qu'ils ont développés,
pour que la France ait enfin une constitution immuable,
en harmonie avec ses besoins et qui puisse assurer son
bonheur. Législateurs ! vous possédez tous les élémens
de sa prospérité, hâtez-vous donc de les mettre en œuvre : il en est encore temps.

CONSTITUTION DÉMOCRATIQUE.

LES HOMMES NAISSENT LIBRES ET ÉGAUX EN DROITS.

Qui jouit des avantages doit supporter les charges, et, par une conséquence toute naturelle, qui supporte les charges doit jouir des avantages : ces principes si simples et si lumineux sont néanmoins méconnus dans notre législation actuelle; c'est ce qui donne lieu aux pétitions sans nombre qui se font de toutes parts pour en réclamer l'adoption. A l'époque où j'écrivais, il y eut beaucoup de pétitions de faites.

La loi devant être l'expression de la volonté générale, cette volonté ne sera jamais connue que quand tous les citoyens auront concouru à la confection des lois.

Par une conséquence juste du principe établi ci-dessus, ceux des citoyens qui ne paient aucune contribution ne pourraient jouir de l'exercice de leurs droits civiques. On doit travailler à l'amélioration du sort de cette classe encore trop nombreuse et au moyen de la faire jouir le plus tôt possible des mêmes avantages dont jouissent les autres citoyens. Mais elle ne peut aujourd'hui participer aux exercices des droits politiques. Ainsi je crois que, pour mettre le principe ci-dessus établi en exécution, tout citoyen doit concourir d'une manière plus ou moins directe à la nomination des députés au Corps-Législatif; il faudrait donc que dans toutes les communes, les citoyens, réunis en assemblée primaire sous la présidence du maire de leur commune respective, nommassent des électeurs, dans la proportion d'un par cent votans. Ces électeurs choisis parmi les votans s'assembleraient au jour indiqué dans le chef-lieu de l'arrondissement pour élire son député qui devrait être choisi dans la masse des électeurs. Ce député recevrait une indemnité qui serait déterminée : cette indemnité serait prise sur la contribution foncière, exclusivement, au moyen de centimes additionnels, au marc le franc, sur la cote de chaque contribuable. D'après ces disposition, puisque l'éligibilité s'étendrait sur toutes les classes des citoyens, on trouverait un plus grand nombre de députés dignes de la confiance de leurs commettans.

Ce mode d'élection nous semble facile, légitime et la mise en exécution incapable d'exciter les plus légers désordres. Nous allons y ajouter quelques observations. Comme nous avons posé pour principe que tout individu porté au rôle des contributions, est, par cela seul, citoyen et électeur, les jeunes gens qui sont encore sous la dépendance de leurs parens, pourront, lorsqu'ils auront atteint l'âge de vingt-et-un ans, jouir de l'exercice des droits politiques, moyennant qu'ils s'imposent volontairement au minimum de la contribution personnelle, qui devra être de trois journées de travail ; ces journées ne pourront être fixées, dans aucune localité, au-dessous d'un franc. Il nous semble, en outre, que la loi devrait exclure rigoureusement des rangs des électeurs : 1.º Tout homme qui aurait fait faillite ; 2.º tous ceux qui auraient encouru un jugement de police correctionnelle ; 3.º tout homme d'une immoralité notoire.

Pour ce dernier cas, les jeunes gens devraient, avant d'être admis à l'exercice de leurs droits de citoyens, passer à l'examen du conseil municipal de leur commune qui seul serait juge des causes d'exclusion.

En conséquence des attributions que nous venons d'assigner aux conseils municipaux, on ne pourrait y admettre que des hommes âgés de quarante ans; il n'est pas nécessaire de dire qu'ils devraient être à l'abri de tout reproche, leur nomination étant déjà une preuve qu'ils jouissent de l'estime de leurs concitoyens. Nous croyons qu'il n'est pas inutile de développer nos principes sur la loi municipale : la place du maire étant tout-à-fait populaire, la nomination directe doit appartenir au peuple, conséquemment, celle des adjoints. Il en de même de l'emploi du juge de paix; mais quant à ce dernier, il me paraît prudent de n'admettre à cette magistrature que des citoyens qui ont fait leur droit. Le juge de paix ne pourrait être nommé pour moins cinq ans; ses émolumens, ainsi que ceux de son greffier, devraient être fournis par tous les citoyens du canton, au moyen de centimes additionnels sur la contribution mobilière, personnelle et sur la taxe des portes et fenêtres, en ayant soin de faire une diminution proportionnée sur le budget général du royaume.

Les désastreux événemens de Pariset de Lyon m'ont décidé développer de nouvelles idées sur le gouvernement de la France. On ne doit pas s'attendre à trouver dans cet écrit l'élégance du style, encore moins des théories méthaphysiques; mais on y verra des idées saines, des principes justes qui sont le fruit de l'expérience acquise et de profondes méditations d'un homme âgé de soixante-cinq ans, étranger à tout esprit de parti, plus instruit par les événemens qui se sont passés sous ses yeux depuis plus de quarante ans que par la lecture de ces innombrables volumes écrits sur les différentes formes de gouvernement. Le meilleur, suivant moi, est celui qui peut assurer au peuple tranquillité et liberté. Le gouvernement républicain impose trop de devoirs pour des hommes comme les Français, dont le caractère distinctif est la légèreté et l'égoïsme : il ne pourrait s'établir en France que par suite d'une commotion violente : les plus zélés partisans de ce gouvernement sous les jeunes gens; je ne crois pas que ce soit l'amour de la liberté, de la patrie qui leur inspire un si vif enthousiasme pour les formes républicaines, mais plutôt le mécontentement que leur fait éprouver le gouvernement actuel.

Ces sujets de mécontentement cesseront d'exister au moment où la loi sur les élections sera changée, et si le mode que je propose remplaçait la loi existante, l'espoir qu'ils auraient de parvenir par leur mérite et leurs vertus aux honneurs et aux places auxquels la fortune seule donne aujourd'hui des droits, les attacherait par leurs propres intérêts à la monarchie constitutionnelle. Voilà déjà une classe nombreuse dont le gouvernement s'assurerait l'affection par un moyen juste, préférable à celui de la force, dont l'action peut bien comprimer pour un moment les projets révolutionnaires, mais qui, dans l'état actuel des choses, trop en opposition avec les principes de l'égalité des droits sociaux, bien connus, non seulement par tout homme instruit, mais par celui qui a du bon sens, doit amener, un peu plus tôt ou un peu plus tard, une révolution générale comme celle de 1788. C'est pour l'éviter que le chef de l'état doit se rapprocher le plus tôt possible de la constitution de 1789, chef-d'œuvre de l'assemblée constituante, la seule que la nation ait réellement sanctionnée par son adhésion unanime. Tous les changemens opérés depuis cette époque jusqu'à ce jour ont été l'ouvrage des factions; le droit des baïonnettes et le résultat des malheurs publics, ou, pour m'expliquer plus clairement, les revers de Napoléon qui ont donné aux ennemis de la France le droit de lui imposer un maître. Si le successeur de Louis XVIII avait marché sur les traces de son frère, la révolution de 1830 n'eût pas éclaté et la France serait paisible sans être libre.

Suivant mes principes démocratiques, un peuple libre est soumis aux lois qui émanent de lui. Les seuls

contribuables de deux cents francs nomment des députés qui font les lois, ils n'ont point de mandat de ceux
qui paient moins, ils ne sont en outre que la partie mi-
nime du peuple; donc eux seuls sont libres, le peuple
ne l'est pas et les lois n'ont pas le caractère essentiel qui
est d'être l'expression de la volonté générale.

Ce que j'avance est évident, puisque la Charte constitutionnelle nous était octroyée par la pure bonté du roi:
son infraction par Charles X l'a fait descendre du trône;
Louis-Philippe, duc d'Orléans, a été appelé par un certain nombre de députés au Corps-Législatif à lui succé-
der; ces mêmes députés auraient bien fait de profiter de
la circonstance pour exhumer la constitution nationale.
Louis-Philippe qui avait combattu pour elle sous le nom
de Philippe-Égalité ne se serait pas sans doute refusé à
l'accepter; son autorité, il est vrai, aurait été plus res-
treinte que par la Charte actuelle; mais la liberté du
peuple aurait eu tout l'extension qu'il est possible de lui
donner sans tomber dans la licence. L'égalité des droits
eût été reconnue; voilà ce que ne voulaient pas les aristocrates bourgeois. Le sang du peuple a coulé, eux seuls
ont profité du changement de dynastie et eux seuls
aussi montrent un dévouement sans bornes pour le roi
de leur choix, qui fait pleuvoir sur eux toutes les faveurs,
tandis que le petit nombre de députés qui sont les défenseurs des intérêts du peuple, sont, pour cela seul, re-
poussés et exclus de toute place à la nomination du
roi.

Ainsi, ces messieurs, connus sous la dénomination de
juste-milieu repousseront toujours avec dédain tout
changement à faire à la constitution actuelle; ils trouvent les choses très bien comme elles sont pour leur intérêt. Mais ces hommes qui, loin d'être les défenseurs
des droits imprescriptibles du peuple, ne sont que les
appuis du pouvoir, continueront-ils de jouir de tant de

prérogatives? Non sans doute, si le peuple éclairé sur ses vrais intérêts, manifeste son vœu, non par des émeutes, mais par la voie légale des pétitions.

Ainsi que des bords de l'Océan au pied des Alpes, du sommet des Pyrénées aux rives de la Manche, le même cri se fasse entendre :

LIBERTÉ ! ÉGALITÉ !

Que de toutes parts des pétitions énergiques et en même temps respectueuses, couvertes de milliers de signatures soient adressées au Corps-Législatif pour réclamer l'abrogation de la loi actuelle des élections; que l'on demande que cette loi anti-nationale soit remplacée par celle des élections indirectes auxquelles concourrait tout Français qui paierait la contribution personnelle de trois journées de travail; que l'on expose que ce n'est pas une concession que l'on exige, mais justice que l'on réclame et que le peuple, ne pouvant nommer directement les députés, leur élection ne peut se faire que par des électeurs choisis par lui. La constitution de 1789, étant la seule qui lui offre toute la possession de ses droits naturels, doit aussi être l'objet de ses réclamations. Vainement l'orgueilleux arristocrate voudrait s'opposer à l'expression de la volonté générale, elle doit faire loi, y résister, c'est nager contre le torrent, conséquemment s'exposer à se noyer.

Ce ne sont pas les hommes les plus riches dans un état qui ont le plus d'instruction, encore moins de vertu. Tant que le peuple ne pourra être exclusivement représenté que par cette classe, ses véritables intérêts seront toujours méconnus et négligés. C'est parmi les riches, plus que dans la classe d'une honnête aisance qu'on remarque l'égoïsme le plus caractérisé; je parle ici en général. Il y a des riches qui joignent aux avantages de la fortune les qualités de l'âme. l'esprit de désintéressement et l'amour de la justice. ces hommes sont nécessairement partisans de l'égalité des droits, et ils auront tou= jours des titres à la confiance de leurs concitoyens; leurs antécédans joints à cela, pour ceux qui ont déja été députés, leur est un sûr garant de la préférence qu'on devra leur accorder sur des hommes qui ne se sont pas encore trouvés dans une position à faire preuve de dévoûment à la patrie et d'attachement aux vrais principes.

Mon intention comme mon désir le plus ardent étant de voir finir nos funestes divisions et de rappeler l'union qui fait la force, l'assemblée des représentans de la nation qui, à l'avenir, devra s'appeler assemblée nationale, doit donner au peuple qu'elle représente l'exemple de cette union si désirable; en conséquence, plus de côté droit, de côté gauche ni de centre; à l'ouverture de la session, le sort assignera les places des députés de chaque département.

Le titre de citoyen étant à mes yeux le plus honorable, il doit, dans l'assemblée, remplacer celui de *monsieur*; ainsi, les ministres du roi, adressant la parole, soit collectivement ou en particulier aux députés, devront employer cette qualification. Il doit en être de même dans les conseils généraux de département, d'arrondissement et des mairies.

En conséquence, on devra écrire sur les registres: *assemblée du conseil de, etc., présidée par le citoyen, où étaient présens les citoyens, etc.,* etc. Dans les rapports de particuliers à particuliers, le mot de *monsieur* doit de préférence être conservé; car, si le titre de citoyen était généralisé, il perdrait de sa dignité. Il ne doit être en usage que pour les élus du peuple dans l'exercice de leurs fonctions. On pourrait ajouter l'épithète de respectable pour les députés de l'assemblée nationale, prési- dent des conseils de département, de canton et de muni- cipalité, et celle d'illustre citoyen pour les hommes qui y auraient droit par des services éminens rendus à la patrie.

La loi étant, comme nous l'avons dit, l'expression de la volonté générale, l'assemblée nationale, essentiellement législative, aurait seule le droit de faire des lois; l'assemblée des pairs aurait celui de les modifier; le roi y ajouterait sa sanction, mais, dans le cas où les pairs se refuseraient à prendre en considération un projet de loi proposé par l'assemblée nationale, il s'en suivrait naturellement qu'il n'y aurait pas lieu à la sanction du roi; si, au contraire, le projet de loi est adopté par les pairs, sans modification, ou que les modifications qu'ils auraient faites à la loi proposée auraient été admises par l'assemblée, le roi ne pourrait refuser sa sanction à une loi que le vœu de la nation réclame et que la sagesse des pairs a reconnue nécessaire.

Le roi pourra également proposer par les ministres des projets de loi; mais, avant qu'ils deviennent l'objet d'une discussion, ils devront être renvoyés à un comité spécial pour voir si la loi proposée ne contient aucune disposition contraire à la constitution, et ce ne sera que d'après le rapport négatif ou affirmatif sur cette question que le projet de loi sera pris en considération; pour devenir la matière d'une discussion, dans le premier cas, ou d'un renvoi motivé, dans le second, en signalant l'article de la loi proposée qui serait en opposition avec la constitution. Lorsque ces projets de loi seront adoptés par les représentans de la nation, ils devront, en outre, avoir l'assentiment des pairs pour devenir loi du royaume.

Je ne ferai pas l'injure à MM. les pairs de supposer qu'ils refuseront leur concours indispensable pour des lois utiles au peuple, cependant le cas peut arriver que l'intérêt particulier, l'amour-propre blessé, l'emportent de la part du plus grand nombre d'entr'eux sur l'intérêt général; alors la loi à laquelle ils auraient refusé de donner leur approbation deviendra loi du royaume, si, à la session suivante, elle est proposée de nouveau ; car, d'après mes principes, l'intérêt et la volonté générale doivent franchir tous les obstacles. Mais, me dira-t-on, dans la constitution de 1789, l'institution des pairs n'existait pas : je le sais bien, mais aussi, s'il n'y avait pas une chambre des pairs, je proposerais l'établissement d'un conseil des anciens, et j'invite les lecteurs à faire attention que je désire que l'on se rapproche le plus possible de cette constitution, quant à l'administration ; mais pour ce qui est des droits communs à tous les citoyens, sous la condition déterminée, voilà ce qu'il faut de rigueur et sans restriction reconnaître pour que la souveraineté nationale ne soit pas illusoire et l'égalité des droits dérisoire.

Ces principes établis, nos nouveaux nobles sans parchemin se verront forcés d'identifier leurs intérêts avec ceux du peuple s'ils veulent avoir des droits à sa confiance ; les nobles d'extraction, pour atteindre le même but, seront également obligés d'employer ce moyen. Les titres de recommandation, pour les hommes étrangers à ces catégories, seront leur mérite et leurs vertus morales et civiques ; ainsi, laissant toute latitude aux électeurs dans le choix des députés, la société y gagnera sous le rapport de la morale publique.

Dans l'état actuel des choses, on veut premièrement s'enrichir par tous les moyens possibles, afin de jouir des honneurs et des priviléges exclusivement attachés à la fortune, Sans négliger les intérêts de sa famille on s'écartera moins des principes de la probité et de l'honneur, lorsqu'il ne suffira pas d'être riche pour devenir député ; et le Corps-Législatif ou l'assemblée nationale, selon qu'on décidera de l'appeler, comptera plus de défenseurs de la liberté du peuple que de serviles approbateurs des propositions si souvent faites par les mi-

nistres pour y porter atteinte. Je dis plus, la généralité
de la représentation nationale devra être fidèle à ses devoirs, si l'on exige rigoureusement du député pour être
réélu un certificat honorable de la majorité des conseils
municipaux de l'arrondissement, attestant que sa conduite en cette qualité est irréprochable; et j'ajoute que,
pour donner au peuple une plus forte garantie de la fidélité de ses mandataires, si le citoyen que sa confiance appelle à le représenter occupe un emploi à la nomination du roi, il devra opter entre cet emploi ou celui de député. Les élections pourraient être pour cinq
ans. Pour ne pas déranger l'ordre de mes idées, on
trouvera avant ma conclusion le mode d'élections des
assemblées primaires. Les élections des municipalités devraient également avoir lieu tous les cinq ans, ainsi que
celles pour la garde nationale. Il nous paraît convenable que les conseils d'arrondissement soient formés par
les conseils municipaux, les conseils généraux de département par les conseils d'arrondissement : le Corps-Législatif déterminerait le mode de leur formation.

Une loi fixerait également l'époque de la réunion des
assemblées primaires ainsi que la tenue des colléges électoraux. Leur réunion aurait lieu aux époques fixées sans
convocation par une ordonnance royale. Les assemblées
primaires ainsi que les colléges électoraux sont uni-
quement des assemblées électives et non délibérantes. La
durée de la session des deux chambres ne pourrait être
de moins quatre mois et de plus de six, hors le cas de
circonstances extraordinaires; le roi ne pourrait avoir le
droit de dissoudre la chambre des députés: c'est une atteinte à la souveraineté du peuple: de même, la chambre des députés et celle des pairs ne pourraient changer
la forme du gouvernement. Leur unique attribution est
d'asseoir la monarchie constitutionnelle sur les bases de
la liberté et de l'égalité en annulant toute loi contraire,

de réformer les abus existans, de s'opposer à tout empiètement du pouvoir, d'alléger pour le peuple le fardeau des impôts par des économies et d'assurer la prospérité de la nation par des lois protectrices de l'agriculture, du commerce et des arts utiles.

Résumant toutes mes idées, pour atteindre le but si désirable de l'union entre tous les citoyens et ne laisser aucun sujet de mécontentement et par suite aucun prétexte d'insurrection, il faut indispensablement que tout Français qui paie la contribution personnelle jouisse du premier degré de l'exercice des droits civiques, qui est de nommer des électeurs dans les assemblées primaires : ces électeurs réunis en assemblée électorale, nomment des députés qui se trouvent alors réellement les représentans de la nation et qui, en cette qualité et réunis font les lois jugées nécessaires, fixent l'impôt, et, au nom du peuple et en qualité de ses mandataires, exercent la souveraineté qui réside dans l'ensemble des citoyens, souveraineté qui est inaliénable et à laquelle on ne peut porter atteinte sans se rendre coupable de tyrannie et de révolte contre la nation.

L'assemblée des pairs est un corps intermédiaire entre le peuple et le roi, dont la destination est de perfectionner les lois proposées par le Corps-Législatif. La constitution actuelle donne au roi le droit de créer des pairs à sa volonté ; l'expérience a prouvé qu'une aussi grande latitude était un abus ; ce sera à la sagesse du Corps-Législatif d'en fixer le nombre et le traitement. Maintenant que nous avons exposé notre opinion sur les deux grands corps de l'État, nous allons nous permettre quelques observations sur la prérogative royale.

Dans une monarchie absolue, un roi bien pénétré de ses devoirs, et qui, sur la terre, veut être l'image de la divinité, n'a pas trop de pouvoir : mais si, au contraire, et malheureusement ce qui est le plus fréquent, loin de se considérer comme le père de ses sujets, il ne voit en eux qu'un vil troupeau d'esclaves, qu'il peut, suivant son bon plaisir, sacrifier à son ambition. quel abus ne fera-t-il pas de ce pouvoir? Alors pour des intérêts de famille, étrangers à ceux de la nation, une guerre est entreprise; le sang du peuple coule; de nouveaux impôts deviennent nécessaires. Vainqueurs, les avantages ne compensent jamais les pertes faites; vaincus, il faut acheter la paix à des conditions humiliantes : c'est pour prévenir de pareils malheurs qu'il me paraît juste qu'aucune guerre offensive ne soit entreprise par le roi sans que la chambre des députés et celle des pairs ne l'aient reconnue légitime, et par cela même indispensable; et le roi doit la déclarer au nom de la nation, qui devra faire tous les sacrifices nécessaires pour la terminer promptement et obtenir de l'ennemi pleine et entière satisfaction. Dans le cas d'une coalition de plusieurs puissances contre la France, et qu'on se vît exposé à une invasion, on doit déclarer la patrie en danger, appeler aux armes la garde nationale tout entière.

La jeunesse française, dans cette circonstance impérieuse, doit se porter en masse à la frontière pour être incorporée dans les régimens de ligne, et ne pourra rentrer dans ses foyers qu'après la paix conclue. Aucune exemption ne pourra être admise pour les jeunes gens qui ont les qualités physiques; les places, les emplois qu'ils occuperont leur seront conservés, et le fils de l'homme de 5o,ooo francs de rente devra payer sa dette à la patrie comme le fils du simple ouvrier. Enfin, dans le cas inévitable d'une guerre offensive ou défensive, l'on devra employer de grands moyens et développer s'il le faut toutes les forces nationales, Si l'on est vainqueur, montrer beaucoup de modération, si l'on éprouve des revers ne pas se laisser abattre, et Paris serait-il au pouvoir des ennemis, ne consentir à la paix qu'à la condition de la conservation de l'intégralité du territoire français. S'il ne me paraît pas prudent de laisser au roi le droit de la paix et de la guerre, je ne le reconnais pas moins comme le chef des armées de terre et de mer, qu'il peut commander en personne, ou confier à ses généraux dignes de sa confiance par leur bravoure et leurs talens. Toutes les autres prérogatives de la royauté devront être celles déterminées par la constitution de 89.

Lorsque la France se sera donné cette constitution, son chef, fort de l'affection comme de la puissance de la nation, pourra bien s'affranchir de cette politique artificieuse qui est pour la diplomatie ce que la chicane est pour la justice. Le roi des Français désire-t-il s'assurer cette affection indispensable à l'affermissement de sa dynastie naissante, qu'il prévienne le vœu de la nation en faisant proposer par les ministres un projet de loi dont l'objet serait un mode d'élection conforme au principe démocratique. La loi actuelle est en opposition avec tout principe de justice, mais la loi proposée ne pourrait manquer d'avoir l'approbation de la majorité dont l'amour-propre est aujourd'hui blessé de se voir mis sous la tutelle de la minorité.

C'est alors que le roi n'aura pas besoin de se faire représenter dans les cours étrangères par ces vieux et rusés diplomates qui n'inspirent aucune confiance. Ces emplois pourront être confiés à des hommes avantageusement connus par leurs talens et les services qu'ils auront rendus à l'état; car il me paraît indigne d'une grande nation comme de son chef, de faire usage dans les relations de gouvernement à gouvernement, de moyens que l'on regarde comme vils dans les rapports de particulier à particulier. Le gouvernement, en proclamant qu'il ne veut s'immiscer en aucune manière dans les affaires de ses voisins, doit renoncer à tout accroissement de territoire; dans les rapports commerciaux, il offrira les mêmes avantages que ceux qu'on lui accordera. Franchise et loyauté seront toujours sa devise; il devra s'attirer par là l'estime des cours étrangères. La constitution du royaume mettant un terme à toute insurrection, puisqu'elle satisferait complètement le vœu de la nation, les souverains n'auraient plus à craindre l'établissement d'une république en France, dont les principes pourraient se propager dans leurs états; et s'ils craignaient que leurs sujets, jaloux du bonheur et de la prospérité de la France, vinssent à s'insurger pour obtenir les mêmes avantages, alors ce serait à eux de prévenir l'orage par des concessions convenables et proportionnées au degré de civilisation des peuples qu'ils gouvernent. Que l'on ne pense pas que je partage l'opinion de bien des gens qui contestent à Louis-Philippe la validité de son élection de roi des Français. Pour la régularité, les assemblées primaires auraient dû être convoquées; mais la situation de la France, après les trois journées de juillet ne le permettait pas, et je regarde comme un acte de prudence du Corps-Législatif de lui avoir déféré le pouvoir exécutif dans cette circonstance. Je crois même que la nation doit au roi de la reconnaissance pour la conduite prudente qu'il a tenue à son avènement au trône en nous évitant une guerre étrangère qui aurait nécessairement amené la guerre civile. Si la majorité des députés avait été composée de bons patriotes, bien pénétrés des principes de la liberté et de l'égalité des droits naturels, elle n'aurait pas cimenté son pouvoir aristocratique du sang de la portion du peuple exclue, par la loi actuelle des élections, de l'exercice de ses droits civiques et conséquemment de sa participation à la souveraineté nationale. Voilà, si je ne me trompe, la cause de toutes les émeutes qui ont éclaté, et de l'état de fermentation où se trouve la France dans ce moment : fermentation, qui, comme je l'ai dit, peut amener une explosion générale dont les suites sont incalculables. Que la première chambre annule cette loi des privilégiés; que le principe de l'égalité soit reconnu comme inséparable de celui de la liberté, le calme renaîtra aussitôt, avec l'assurance que chacun aura de rentrer dans son droit. Ne pensez pas, messieurs les notables, que cette portion nombreuse de la nation que vous excluez soit moins digne que vous de l'exercice de ses droits; elle l'est plus par son patriotisme désintéressé! Les citoyens dont elle se compose, *quoiqu'ils n'en aient pas les prérogatives,* procurent à l'état les plus grandes ressources : ce sont des cultivateurs, des marchands, des maîtres ouvriers et des fabricans; ajoutez-y ce qu'on appelle des hommes à capacité, et je vois dans cette réunion la majorité de la nation intéressée au maintien de l'ordre et armée pour protéger le gouvernement. Tous ces individus supportent les charges, *beaucoup sont propriétaires,* et le seul avantage pour eux résultant de la révolution de juillet, a été la nomination des conseillers municipaux. Convenez, messieurs, que c'est une vraie déception. Vous avez pu réduire le cens, vous devez le faire disparaître et rétablir la loi des élections à deux degrés, que j'appelle élections indirectes.

C'est à vous particulièrement que j'adresse cette interpellation, hommes politiques qui vous êtes faits les arbitres des destinées de la France. Comme l'aigle vous vous êtes élevés dans les hautes régions sans penser que vous pourriez être arrêtés dans votre vol audacieux par la volonté toute-puissante du peuple. Croyez-vous, messieurs, que ces hommes dont je viens de faire l'énumération se laisseront influencer par les riches pour des dîners ou par les hommes en place dans l'espoir d'en obtenir des faveurs? Où est l'homme qui tiendrait dans les assemblées primaires table ouverte pour deux à trois mille personnes, et cela pour être électeur, puisque les assemblées primaires nomment seulement les électeurs, et dans les assemblées électorales qui nomment le député de l'arrondissement, pensez-vous qu'un électeur choisi par ses concitoyens s'avilira et démentira la confiance dont ils l'auront honoré? Non, messieurs, vous ne le pensez pas; et si vous n'étiez pas privilégiés par votre fortune, vous partageriez ma manière de voir, et vous conviendriez que le mode d'élection que je propose est préférable à celui existant. Mais, me direz-vous, les électeurs pourront faire de mauvais choix, appeler à la législature des hommes turbulens qui se feront toujours un mérite d'entraver toutes les opérations du gouvernement et paralyseront son action; craintes puériles. Je ne dis pas que dans le nombre il ne s'en trouve quelques uns de cette espèce; mais la majorité sera toujours bonne, si l'on ne néglige pas le conseil que j'ai donné, que chaque député ne pourra être réélu si la majorité des conseils municipaux de l'arrondissement ne lui a délivré un certificat de satisfaction pour sa conduite comme député. Quant aux hommes en place, ils ne peuvent exercer aucune influence, puisque, nommés députés, il faut qu'ils renoncent à l'emploi qu'ils tiennent du gouvernement, s'ils acceptent la dignité de député. Une dernière objection que vous pouvez me faire : si les députés ne sont pas riches, ils n'ont pas autant d'intérêt au maintien de l'ordre, parce qu'ils possèdent peu. Celui qui possède peu, doit y tenir autant et plus que celui qui possède beaucoup; ce que je dis est trop naturel pour avoir besoin d'être développé, et l'homme jouissant d'une honnête aisance sera toujours moins corruptible que l'homme riche, parce que, si la fortune procure des jouissances, les places donnent de la considération, et l'homme riche a toujours le désir de réunir en sa personne ces deux avantages. Toutes les voix (les privilégiés exceptés) s'élevent contre le ministère actuel. Le gouvernement établi sur les bases que j'indique, ces clameurs cesseront; car le Corps-Législatif étant nationalement composé, les ministres n'auront plus en leur pouvoir autant de moyens de corruption. Proposeraient-ils à un député une place à la fin de la session pour s'assurer de son vote dans toutes les occasions, ce député perd l'estime de ses mandataires, et je ne suppose pas que, dans les élus du peuple, il se trouvera beaucoup d'hommes qui sacrifieront leur honneur et les intérêts de leurs commettans à leur cupidité ou à leur vanité. Ce n'est pas que je veuille que, par esprit d'opposition, l'on rejette les propositions des ministres; elles doivent toujours être favorablement accueillies, quand elles n'ont rien de contraire à l'intérêt de la nation et qu'elles ne portent pas atteinte à la constitution établie; lorsque, au contraire, ces propositions sont faites dans l'intérêt d'une partie de la population et que, conséquemment elles sont préjudiciables à l'intérêt général, l'opposition de la part des députés est alors un devoir, car les députés, collectivement, ne doivent pas se considérer comme députés de leur arrondissement respectif, mais comme représentans de la nation.

Comme je me suis proposé d'examiner toutes les parties de l'administration, je vais faire quelques observations sur la garde nationale. Je regarde cette constitution militaire comme le palladium de la liberté et la sauvegarde de la propriété et de la tranquillité publique : aussi tout citoyen et fils du citoyen doit en faire partie depuis l'âge de dix-huit ans jusqu'à cinquante inclusivement. Le service qu'on en exige ordinairement n'étant que pour le maintien de l'ordre public, tout citoyen doit y concourir personnellement ou par un représentant pour les particuliers qui ont des emplois incompatibles avec le service militaire. Les salariés du gouvernement, par une conséquence bien simple du principe que j'ai établi en tête de cet écrit, ne peuvent en être dispensés; ils doivent le faire personnellement ou par représentans, car jouissant des avantages ils doivent supporter les charges; et en effet, lorsque l'on voit un pauvre ouvrier, qui n'a que sa journée pour faire vivre sa famille, s'acquitter de ce devoir civique sans murmurer, ne doit-on pas, non seulement s'étonner, mais s'indigner que des hommes bien rétribués, et qui ordinairement ont de la fortune, cherchent à s'en dispenser?

Les maires et les adjoints qui remplissent des fonctions gratuites, par la nature même de ces fonctions, sont exempts de concourrir à ce service, puisqu'ils sont en permanence d'un service d'une autre nature pour l'intérêt de leurs concitoyens. Lorsque la France aura une représentation vraiment nationale, ce qu'il y a dans cette institution de contraire aux principes de l'égalité et de la justice disparaîtra; jusque-là les choses resteront sur le pied où elles sont : nos exclusifs citoyens veulent bien tous les avantages pour eux et les charges pour le peuple : qu'ils ne trouvent pas mauvais cette sortie. Ce que je me permets de dire est trop évident pour que je craigne un démenti.

On devra diviser la garde nationale en sédentaire et en mobile. La partie sédentaire n'aurait d'autre service à faire au besoin que celui de la commune; elle se composerait des hommes mariés et célibataires au dessus de trente-cinq ans; la garde nationale mobile comprendrait tous les jeunes gens de dix-huit à trente-cinq ans inclusivement; lorsque son service deviendrait nécessaire dans l'étendue du département, on en disposerait d'après l'ordre de l'administration supérieure; cette partie de la garde nationale n'en serait pas moins sous les ordres du chef commun et assujétie au service communal : voilà l'avantage que j'entrevois dans cette division. Les jeunes gens s'appliqueront à l'exercice et aux manœuvres, et dans les cas prévus dont j'ai parlé, l'on pourrait former des bataillons de volontaires nationaux de ces jeunes gens, au lieu de les incorporer dans les régimens de ligne : c'est de ces bataillons, formés en 1790, que sont sortis nos généraux les plus distingués ; la jeunesse actuelle étant généralement plus instruite que celle d'alors et son caractère belliqueux étant toujours le même, la patrie trouverait en eux de zélés défenseurs. L'armée régulière pourrait être réduite sans inconvéniens, et pour ne pas faire perdre leur avenir à une foule de jeunes gens, la durée du service pourrait être fixée à quatre ans : on sait que c'est insuffisant pour la cavalerie et l'artillerie. Le jeune homme, s'il ne contracte un nouvel engagement, rentre chez lui et fait partie de la garde nationale mobile. Il me paraît juste que tout homme qui aura servi seize ans, puisse rentrer dans les bataillons de vétérans ; par là on assurera l'existence des vieux soldats, et ces bataillons deviendront l'arrière-garde de l'armée de ligne. Voilà un système militaire trop national pour que l'on puisse s'attendre à le voir mettre en pratique aujourd'hui : on veut des soldats, et non des défenseurs de la patrie ! Mais si l'expression de la volonté générale venait à se manifester par la voix légale des pétitions, non pour renverser le gouvernement, mais seulement pour en réformer les abus, les militaires de toutes armes et de tout grade prouveraient, je n'en doute pas, qu'ils sont les défenseurs de la patrie.

Quant à la marine, il est de l'intérêt de la nation de ne pas la négliger ; c'est le moyen le plus sûr de maintenir l'union de la France avec une nation rivale. De même nos colonies doivent fixer l'attention du gouvernement, leurs produits étant devenus pour nous, par l'effet d'une longue habitude, des besoins réels ; celle d'Alger particulièrement, dont la conquête fait tant d'honneur à nos armes, demande les plus vives sollicitudes, puisqu'elle peut suppléer à l'insuffisance de nos colonies d'Amérique, son sol étant de nature à nous fournir les mêmes produits que ce pays, et qu'elle peut encore débarrasser la France de la surabondance de sa population.

Je conviens que de long temps les avantages que nous retirerons de ce pays ne compenseront pas les sacrifices que l'on sera obligé de faire; mais la génération présente ne doit-elle rien faire en faveur des générations futures? Je pense tout autrement.

Les hommes d'état du jour n'ont point de vues si généreuses; ils se contentent de s'occuper d'assurer ce qu'ils appellent le bonheur de la génération présente; et c'est pour parvenir à ce but si désirable, que dans ce moment ils mettent tout en œuvre pour empêcher la réélection des députés qui ont manifesté pendant le cours de la session dernière des opinions libérales (ceci a été écrit à l'époque des dernières élections), et conséquemment contraires à leur système, qui est de régir la France par des lois d'exception, de porter atteinte, sous les plus frivoles prétextes, à la liberté individuelle, de surcharger le peuple d'impôts, de le réduire à la misère, présumant qu'il sera plus facile de le contenir sous le joug; et quand ils auront réalisé ce beau projet, ils nous diront avec emphase : la France est heureuse, puisque la paix et la tranquillité intérieures existent; mais quelle paix lui préparez-vous? c'est la paix des tombeaux! une immense population dans un état voisin de la misère, et une poignée d'orgueilleux aristocrates écrasant de leur mépris dédaigneux le reste de la nation, que l'on prive de ses droits naturels. Pensez-vous qu'un pareil ordre de choses puisse long temps subsister ? Si vous le croyez, vous êtes dans l'erreur : je vous l'ai dit, je vous le répète, il faut que chacun jouisse de son droit, et pour cela il faut que les électeurs soient nommés par les assemblées primaires?

Je passe maintenant aux impositions, qui se composent des contributions directes et indirectes. Ces dernières sont supportées par la généralité des habitans, et comme elles sont établies sur des objets de consommation, la classe la moins aisée est celle, proportion gardée, qui paie le plus : la contribution directe, qui est l'imposition personnelle, mobilière et la taxe des portes et fenêtres, l'ouvrier la paie du prix de ses sueurs ; l'homme d'une médiocre aisance l'acquitte par les privations qu'il s'impose ; elle n'est pour le riche qu'une faible soustraction de son superflu. L'imposition foncière est payée par qui possède des immeubles, en proportion de leur valeur ; le particulier qui a un revenu de 3,000 francs, je le considère comme un homme jouissant d'une honnête aisance ; celui qui a 10,000 francs de rente, je le considère comme un homme riche ; mais ceux qui ont 30,40 et 50,000 francs de revenu, je dis que ce sont des gens très riches. Tous ces propriétaires doivent-ils être taxés dans la même proportion ? Je crois qu'il n'y aurait pas d'injustice à établir des gradations entre eux, et en maintenant pour les rentiers de 3,000 francs l'impôt tel qu'il est, pour l'excédant jusqu'à 10,000 francs, l'on pourrait ajouter un centime par franc, 2 centimes de 10 à 20,000 francs, 3 centimes de 20 à 30,000 francs, 4 centimes de 30 à 40,000 francs, 5 centimes de 40 à 50,000 francs, et pour tous revenus plus considérables : par cette augmentation du produit de l'impôt foncier, l'on pourrait affranchir de l'imposition de la taxe personnelle les simples ouvriers, qui, pour la plupart, n'ont que leur journée pour faire vivre leur famille. Les hommes de cette classe nombreuse, qui seraient jaloux de participer à l'exercice des droits

civiques, se feraient inscrire au rôle de l'imposition personnelle pour trois journées de travail, et ils auraient le
droit de voter dans les assemblées primaires et dans les
assemblées communales. Tout votant devra justifier de
son droit aux élections en présentant la quittance des
termes échus de sa contribution. Un moyen simple d'alléger pour le peuple le fardeau des impôts serait une
réduction dans le traitement des premiers fonction-
naires, beaucoup trop rétribués pour le travail qu'ils ont
à faire; l'on dispenserait ces messieurs de toutes les dépenses de représentation qui procurent quelques plai-
sirs à une faible portion de la population des chefs-lieux,
et dont les frais sont supportés par la masse des contribuables. Je pourrais également signaler bien d'autres
abus, autant préjudiciables aux intérêts du fisc que
contraires à la justice, tels que le cumul des traitemens,
des sinécures et tant de profusions scandaleuses qui
sont le prix des sueurs du peuple. Dans l'ordre de choses
actuelles, l'on donne beaucoup à ceux qui possèdent
beaucoup, et ceux qui ont peu, eu égard à ce peu,
sont obligés de donner beaucoup. Avec une représentation nationale comme je l'établis, tous ces abus disparaîtront; les législateurs n'auront aucun intérêt à les
maintenir; alors, et pas plus tôt, on pourra voir abolir
l'impôt sur le sel, ou au moins paraître une heureuse
modification; la suppression du monopole des tabacs
et peut-être une réduction sur les autres impôts. La di-
versité des opinions politiques est l'effet de l'opposition
des intérêts; d'où il s'en suit que les personnes qui liront
cet écrit approuveront ou désapprouveront les principes que je développe. Les électeurs actuels, qui trou-
veraient plus flatteur pour eux de devoir ce titre à leur
mérite personnel qu'à la loi qui l'accorde à leur fortune,
partageront ma manière de voir; ceux au contraire que
la loi favorise, et qui n'ont aucun titre à la confiance

publique, le désapprouveront et regarderont mes opinions comme erronées , ils feront toutes les objections
possibles pour prouver l'impossibilité d'établir une monarchie sur les bases de l'égalité des droits; ma réponse
à cette objection est que l'assemblée constituante avait
sans doute reconnu que la souveraineté résidant dans le
peuple, tout citoyen devait participer à son exercice :
elle n'y avait mis d'autres conditions que de payer une
contribution personnelle de trois journées de travail.
C'est ce que je demande et ce que la majorité des Français désirent. Dans ces assemblées primaires il y aura
tumulte et cabale; deuxième objection : je n'en ai point
vu pour les élections municipales, et je demande comment se font les élections des colléges électoraux. Les
électeurs choisis par le peuple et qui devront nommer
le député de leur arrondissement, s'ils ne sont pas tous
riches, seront, je n'en doute pas; des hommes d'honneur
et d'une probité reconnue, par conséquent dignes de le
représenter. Troisième objection , vous admettrez à
l'exercice des droits civiques, à la condition de payer la
contribution personnelle; les jeunes gens de 21 ans; fils
de citoyens; mais vous y mettrez une restriction; qui est
de passer à l'examen du conseil municipal de leur commune : vous établissez par là une inquisition politique;
vous excluez tout homme d'une immoralité notoire, tout
homme qui aurait fait faillite et toute personne qui
aurait encouru un jugement de police correctionnelle.
Avez-vous le droit de priver ces gens de l'exercice de leurs
droits civiques? oui; sans doute, toute société a le droit
de repousser de son sein un membre qui la déshonore;
voilà ma réponse, pour les hommes d'une dépravation
scandaleuse. Les banqueroutiers doivent être exclus; si
leur faillite a été, par un jugement, reconnue fraudu-
leuse, et ne pourront être réintégrés dans leurs droits
qu'après réhabilitation de commerce. Quant aux jeunes

gens, ce qui m'a donné l'idée de les soumettre à la censure des conseils municipaux, c'est que je ne veux pas qu'ils puissent dire je suis citoyen pour 3 francs, mais j'ai été jugé digne par mes pères de jouir des droits de citoyen; et tout cela je le désire ainsi dans l'intérêt de la morale publique.

Français, mes compatriotes, qui lirez cet écrit, je suis bien éloigné, en vous faisant connaître vos droits, de vous engager à l'infraction de vos devoirs, remplissez-les rigoureusement; mais comme il n'existe pas encore de lois qui vous interdise de faire connaître vos vœux par la voie des pétitions, profitez-en, bientôt peut-être il ne sera plus temps : c'est ce qui m'a déterminé à mettre cet écrit au jour. Mon patriotisme désintéressé est bien connu de mes concitoyens; je n'ai d'autre ambition que celle du bien public, et mon unique désir est de voir finir nos funestes dissensions politiques. La constitution de 1789, dont la base est la déclaration des droits de l'homme, m'a paru être le port qui pouvait offrir un asile sûr au vaisseau de l'état; je considérerai toujours la France dans un état permanent de fermentation jusqu'au moment où l'on reviendra au point d'où l'on est parti. Ne balancez pas à suivre le conseil que je vous donne, ou résignez-vous à voir s'affermir cette aristocratie si destructive de l'égalité sociale.

Mon intention était de m'arrêter ici, mais ce qui se passe dans ce moment à l'occasion de l'élection du député de l'arrondissement, me détermine à reprendre la plume.

Intrigues, cabales, influence en sens contraire, voilà ce que tout observateur, électeur ou non aperçoit : influence colorée de l'intérêt de l'arrondissement, de la part d'une partie des électeurs, satisfaits de l'ordre des choses existant qui leur offre une belle perspective, pour faire élire un homme dévoué au ministère; in-

fluence de la part des électeurs qui désirent des amé-
liorations, pour maintenir l'ex-député, qui, dans la
dernière session, a fait preuve d'attachement aux principes d'intérêt général : cette dernière influence, qui
s'exercait particulièrement sur les électeurs de la cam-
pagne, a triomphé. Ces bons cultivateurs, ainsi que les
gens de la ville, voient bien que leurs intérêts ne sont
pas très bien placés entre les mains du juste milieu. Les
élections indirectes peuvent seules faire cesser cette lutte
d'intérêts opposés ; nationales pour leur nature, elles
n'excluent personne. La fortune, les capacités, l'industrie, tout sera confondu dans les assemblées primaires ;
l'intérêt particulier y sera comprimé par la masse des
votans intéressés à nommer des électeurs intelligens,
capables d'apprécier les qualités requises pour être député. Ce ne pourra être que la première chambre,
formée d'après ce mode, qui fera cesser les abus existans ; pourra établir un système économique de finances,
mais sans lésinerie, et par-là allégera pour le peuple le
fardeau des impôts. L'aristocratie se verra forcée de
plier la tête sous le niveau de l'égalité des droits. Point
d'inquiétudes pour vos fortunes, riches, vous en jouirez
aussi paisiblement que vous en avez joui jusqu'à ce jour ;
ce peuple que vous redoutez et que vous méprisez encore
plus ne vous ravira pas vos biens ; il connaît aussi bien
aujourd'hui qu'en 1789 les titres de propriété. Dans
l'ordre de la nature, les hommes naissent libres et égaux ;
nous sommes tous membres d'une même famille, dont
le roi, dans l'ordre social, doit se regarder comme le
père commun, et s'il lui était permis d'avoir un amour
de prédilection pour une partie de ses enfans, ce devrait
être pour les plus pauvres ; cette classe nombreuse ne
demande que du travail pour se procurer un pain gros-
sier qu'elle arrose de ses sueurs. La classe intermédiaire
entre celle-ci et celle des riches, peut être appelée avec

raison la classe des lumières et des capacités; que le roi répande également ses faveurs sur les individus qui la composent et sur ceux de la classe la plus riche; alors tout le monde devra être satisfait. Je le serai moi-même, si cet écrit peut contribuer à réaliser ce beau rêve, qui, s'il devient une réalité, assurera le bonheur de mes concitoyens, non seulement dans la génération présente, mais même dans les générations à venir. J'aime à me faire cette douce illusion, dans l'intime persuasion où je suis que toute institution fondée sur la justice doit subsister long temps. Me reportant par la pensée au jour de la révolution; j'en parcours toutes les phases jusqu'à celle de 1830, et tout me prouve que ce n'est que l'intérêt général sacrifié à l'intérêt particulier qui a fait éprouver à la France tant de vicissitudes; tenons donc à l'intérêt général, si nous voulons de la fixité dans le gouvernement. Où trouverez-vous cet intérêt général mieux garanti que dans la constitution de 1789? il faut y revenir. On eût dû le faire après les journées de juillet 1830. La circonstance était favorable, on n'en a pas profité. On s'est contenté de faire quelques changemens à la Charte. La branche cadette des Bourbons a remplacé la branche aînée, l'aristocratie bourgeoise a pris la place de l'aristocratie mobilière. Peu après, des décorations ont été décernées aux vainqueurs des mémorables journées, et aujourd'hui c'est pour eux un titre de suspicion. Des fêtes annuelles ont été instituées pour en perpétuer le souvenir; les gardes nationales ont été organisées : dans les fêtes publiques on a dit au peuple qu'il célébrait pour la quatrième fois l'anniversaire de la conquête de la liberté; il commence à ne plus y croire. Les discours se terminent par les cris de Vive le Roi, et presque personne n'y répond. Le zèle des gardes nationaux se ralentit partout, faute de motifs puissans pour le soutenir. Mais dites au peuple : une nouvelle loi vous rend le droit dont on vous avait dépouillé; les députés ne seront à l'avenir élus que par des électeurs de votre choix; c'est en votre nom et pour votre intérêt que les lois seront faites; alors on n'aura pas besoin d'employer tous les moyens de l'art oratoire pour amener la conviction; le fait seul parlera, l'énergie presque éteinte se réveillera, chacun rivalisera de zèle pour le service de l'ordre public, et ce peuple aujourd'hui avili par l'état de nullité où il est réduit, rendu à la qualité d'homme libre et de citoyen, manifestera hautement, et sans être stimulé, son attachement et sa reconnaissance aux auteurs de ce bienfait, ou, pour dire vrai, de cet acte de justice.

J'allais suspendre mon travail et quitter la plume, je me suis rappelé que nous étions au 14 juillet 1854. Cette époque mémorable pour les vieux patriotes me détermine à continuer, et, inspiré du génie de la liberté, j'écris ce qui suit.

Neuf lustres se sont écoulés depuis la chute de cette fameuse citadelle, honorable prison des plus illustres victimes du despotisme. Ses pierres dispersées dans tous les départemens de la France sont des témoignages visibles du triomphe de la liberté. Une fête vraiment nationale par son objet et son appereil imposant fut célébrée l'année suivante au Champ-de-Mars. Louis XVI accepta la constitution et jura de la maintenir. La nation, par l'organe de ses députés, jura obéissance aux lois et fidélité au roi. Comment se fait-il que ce pacte, malgré la garantie des sermens, ait été si tôt rompu? Louis XVI, bon prince, mais trop faible, se laissa entraîner par ses courtisans, plus attachés aux principes de la vieille monarchie que dévoués à sa personne. La tentative d'évasion du roi, son arrestation à Varennes et tous les événemens qui en ont été la suite sont connus, ils appartiennent à l'histoire; mais ce qui appartient à mon

sujet et les conséquences que j'en tire, c'est que pour assurer la stabilité du gouvernement, il faut exiger non des
sermens, mais intéresser la généralité des citoyens à le
maintenir, et conséquemment reconnaître, comme elle
existe réellement, la souveraineté nationale dans les assemblées primaires.

Doctrinaires systématiques, vous pouvez par votre
profonde érudition éblouir les hommes qui par intérêt
tiennent à vos maximes. Moi, je n'ai pas cette prétention;
l'objet que je me suis proposé est d'amener la conviction
intime dans l'ame de mes lecteurs par les conséquences
irréfragables que je crois avoir tirées des principes qui
doivent être la base d'un gouvernement national.

MOYEN FACILE ET SIMPLE D'EXÉCUTION
DE LA NOMINATION DES ÉLECTEURS PAR LES
ASSEMBLÉES PRIMAIRES.

Ces assemblées seraient, comme nous l'avons dit,
prsiédées par le maire ou un adjoint; le secrétaire et les
deux scrutateurs seraient pris dans le conseil municipal.
Comme ces assemblées seraient très nombreuses, le

maire désignerait deux, trois ou même quatre jeunes gens qui auraient acquis le droit de voter par leur inscription volontaire au rôle de la contribution personnelle. Ces jeunes gens feraient les billets des personnes qui ne sauraient pas écrire. Pour ne pas embarrasser le bureau, on leur placerait des tables sur des points écartés, mais dans le même local. Il serait libre aux personnes dont je parle de faire lire leur billet par les secrétaires avant d'être déposés dans la boîte à ce destinée. Les personnes qui savent écrire feraient leur billet sur le bureau. Les uns et les autres les remettraient aux secrétaires ou scrutateurs, qui en leur présence les déposeront dans cette boîte qui devra être à deux clés, dont l'une sera confiée au maire et l'autre au juge-de-paix, dans les chefs-lieux de canton et dans les autres communes, au doyen du conseil municipal. Dans les villes où le nombre des votans s'élèverait à plus de mille, il serait indispensable de former autant de bureaux qu'il y aurait de mille votans. Ces bureaux seraient autant que possible placés au centre des quartiers : le président serait toujours un adjoint, ou, en cas d'insuffisance, un membre du conseil municipal, de même que le secrétaire et les deux scrutateurs. Ces bureaux seraient ouverts pendant trois jours depuis huit heures du matin jusqu'à midi, et de deux heures à six heures du soir. Chaque particulier devra, avant de déposer son vote, présenter aux scrutateurs la quittance des termes échus de ses contributions, et se retirer aussitôt. Par ce moyen, il n'y aurait jamais d'affluence extraordinaire dans les lieux où seraient établis les bureaux. Le quatrième jour, à huit heures du matin, le dépouillement du scrutin aurait lieu, et si personne n'avait obtenu la majorité absolue des voix, l'on procéderait à un second tour de scrutin qui serait définitif; la majorité relative serait, dans ce cas, suffisante.

Le procès-verbal de l'élection, qui serait imprimé et dont il n'y aurait qu'à remplir les blancs, serait signé, séance tenante, par les membres composant le bureau et même par tous ceux des votans qui désireraient y apposer leur signature. Copie en serait délivrée aux électeurs nommés sous la signature seulement du bureau. Le cachet de la mairie y serait apposé. Si l'on trouve un mode d'élection moins compliqué, on devra l'employer de préférence à celui que je propose.

Je crois devoir rendre compte de ce qui m'a donné l'idée de tenir ces bureaux ouverts pendant trois jours. Premièrement, c'est comme je viens de le dire, afin d'éviter la confusion ; mais mon motif spécial serait d'empêcher les cabales. Il est important que chacun vote d'après sa conviction. Les citoyens les moins instruits consulteront, s'ils le veulent, les personnes en qui ils ont confiance, c'est tout naturel ; mais on doit éviter que cela soit ostensible dans le lieu des élections.

C'est en vain que je fais connaître à mes compatriotes leur droit réel s'ils en confirment la spoliation par leur silence. Pour en obtenir la restitution il ne s'agit pas de déplacer un seul pavé, de faire des barricades, ni qu'il en coûte à personne une larme ni une goutte de sang. La Charte constitutionnelle leur fournit un moyen plus doux, c'est à eux de s'en prévaloir, à moins qu'ils ne préfèrent rester perpétuellement dans la dépendance de l'aristocratie actuelle ; quant à moi, peu m'importe, à l'âge où je suis parvenu ; aussi je n'écris que dans les intérêts des générations à venir.

CONCLUSION.

Je crois avoir prouvé d'une manière palpable , si l'on peut s'exprimer ainsi, que le plus ferme appui du trône est l'affection du peuple pour son roi , et que le seul moyen que le roi puisse employer pour s'assurer cette affection est d'admettre les justes conséquences du principe de la souveraineté nationale. Le roi des Français le fera-t-il? non , l'aristocratie dominante s'y oppose.

J'ai voulu émouvoir les entrailles des pairs de France en les assimilant aux pères de famille , et leur assurer la gratitude des enfans de la patrie , par un acte de justice. Ces messieurs ne liront pas mon ouvrage; le liraient-ils , cela ne ferait sur eux aucune sensation. C'est à la constitution de 1814 qu'ils doivent leur titre; cette constitution est donc pour eux l'arche sainte , et malheur , malheur au profane qui oserait y porter la main ! Une mort certaine est le sort qui lui est réservé.

Les ministres , c'est aussi cette constitution qu'ils invoquent , lors même qu'ils la violent impudemment. Comme chefs du parti aristocratique et comme hommes d'état ils doivent repousser tout ce qui a le caractère de nationalité. Agir autrement , ce serait , suivant eux , nous susciter des ennemis. La France doit donc renoncer à la liberté et à la gloire militaire ; elle a tenu le premier rang parmi les nations de l'Europe , aujourd'hui on lui en a assigné une autre.

Messieurs les éligibles , un petit nombre excepté , ont trop d'intérêt à maintenir le *statu quo* de la constitution actuelle pour que l'on puisse espérer qu'ils veuillent concourir à la rectification de ce qu'elle contient dans ses principes de contraire à la justice et à l'intérêt général. Il n'en est pas ainsi des électeurs, puisque les élections indirectes leur ouvriraient la voie des premières dignités auxquelles ils ne peuvent aujourd'hui prétendre; mais ce que les éligibles ne feront pas par des considérations d'intérêts privés, les électeurs, par apathie, ne le feront pas plus.

Il m'a paru qu'il était de la dernière importance pour le maintien de la monarchie constitutionnelle et de la dynastie régnante, d'extirper ce germe de nos divisions politiques qui, depuis 1830 jusqu'à ce jour, a été la cause ou le prétexte des insurrections et des scènes sanglantes qu'elles ont occasionnées : voilà ce que désirent tous les hommes de bien qui ont le cœur français. Les individus instruits, de la deuxième classe, garderont également le silence. Le sentiment de terreur est trop fortement imprimé et la connaissance de toute l'étendue de leurs droits n'est pas assez répandue parmi les masses : ainsi il ne sera pas fait de pétitions, j'aurai prêché dans le désert et parlé à des sourds. L'aristocratie conservera ses priviléges, et l'émancipation du peuple est encore éloignée. Mais cette nombreuse et bouillante jeunesse ne pourrait-elle pas mettre des obstacles à l'affermissement de votre puissance? C'est à vous à qui j'adresse la parole, messieurs, à vous qui êtes bien éloignés de vous considérer comme faisant partie du peuple, puisque par la Charte vous en êtes les tuteurs. Vous connaissez les principes de cette jeunesse sans expérience; ils sont bien différens des vôtres. Je me suis fait un devoir de l'éclairer et de la prémunir contre les illusions qu'elle peut se faire sur la possibilité de réaliser l'idéal de son gouvernement chéri. Mais je ne réponds pas plus du succès de mon entreprise que vous ne pouvez répondre de l'efficacité des moyens que vous avez résolu d'employer pour la soumettre ainsi que la masse de la nation, à l'obéissance absolue à vos lois. Messieurs, permettez-moi de vous dire que tous ces moyens peuvent devenir impuissans, malgré l'appui de la force. Ils peuvent même produire un effet contraire à celui que vous vous proposez. Je vous dirai plus, ils pourraient emmener votre chute et devancer le moment de cette révolution générale qui, pour se réaliser sans commotion doit être le résultat des progrès de l'instruction.

Si mes prévisions se réalisent, les malheurs qui en seront les suites inévitables, ce sera votre orgueil, messieurs, qui les aura attirés sur notre patrie. Vous méprisez, vous calomniez le peuple, vous le privez aujourd'hui de ses droits, alors vous briguerez son suffrage, vous ne dédaignerez pas d'implorer son appui, mais il ne sera plus temps.

MONARCHIE ARISTOCRATIQUE
TOLÉRABLE.

Accordez quelque chose au peuple souverain,
Ou vous le pousserez à vouloir tout ou rien.

LORSQUE toutes les facultés physiques d'un homme se trouvent épuisées par une longue maladie, ce n'est qu'avec beaucoup de ménagemens que le médecin peut parvenir à lui rendre une santé parfaite. Ce que la prudence exige pour la conservation d'un seul homme doit à plus forte raison être mis en pratique lorsqu'il est question de la société entière. C'est aussi ce que je me suis proposé en présentant à mes lecteurs, à la suite de ma monarchie nationale, un système d'aristocratie tolérable; ce ne sera à la vérité qu'un remède palliatif au mal moral dont est affecté le plus grand nombre des Français; il sera insuffisant pour calmer l'irritation des cœurs ulcérés par les déceptions; mais il pourrait peut-être devenir curatif pour beaucoup, particulièrement pour les hommes apathiques, et le nombre en est grand comme on le sait.

Ainsi sans renoncer et encore moins abjurer mon gouvernement national, qui, d'après mes convictions, est
le meilleur topique à appliquer sur la grande plaie du
corps social, je vais proposer quelques changemens à
la loi des élections. Il ne faut pas, je le sais bien, tou-
cher aux principes; laissons donc aux électeurs actuels
leurs prérogatives. Mais comme je l'ai dit, pour rendre
cette aristocratie plus tolérable, ne pourrait-on pas en
élargir le cercle? N'est-il pas juste que l'industrie et les
capacités soient représentées comme la propriété. Conséquemment il faudrait que dans ces deux classes les
plus imposés devinssent électeurs de plein droit, comme
ceux actuels, leur membre en devrait être le même. Une
loi déterminerait les professions industrielles et les emplois qui devraient fournir les électeurs de ces deux
catégories. Les députés ne seraient néanmoins choisis
que parmi les électeurs contribuables de 200 francs. Je
maintiens toujours qu'il est indispensable que les députés
reçoivent un traitement, ou si l'on veut, une indemnité,
et que l'on ue néglige pas l'usage du moyen indiqué dans
ma monarchie nationale, pour s'assurer de leur fidélité
à remplir leur mandat. Ces nouveaux électeurs, étant
plus en contacte avec le peuple, pourraient être consi-
dérés comme ses mandataires. Je présente donc à la
méditation de mes lecteurs deux constitutions diffé-
réntes. La première, que je qualifie de nationale et qui
qui l'est dans toute l'acceptation du mot, est une conséquence vraie de la souveraineté du peuple. J'ai démontré qu'elle rendrait impossible toutes révolutions et
réactions, comme elle établit l'égalité des droits politiques, elle ne peut convenir à nos bourgeois de Berne,
à nos nouveaux patriciens de Venise,

La seconde est bien notre Charte, qui par cette extinc-
tion donnée aux droits d'électeurs et d'éligibles, lui
procurerait un certain colori de libéralisme; elle effa-

cerait en outre la ligne de démarcation établie entre les électeurs et les éligibles. Les nouveaux électeurs ne seraient en quelque sorte que supplémentaires et les auxiliaires de ceux du second degré. C'est donc à ces messieurs de s'élever à la hauteur à laquelle ils peuvent prétendre. Ce n'est pas pour flatter leur amour-propre que je leur présente cette perspective, mais j'y vois l'intérêt du pays : c'est une chose bien démontrée dans ma constitution nationale; il serait superflu de la reproduire ici. Je pense que d'après cette disposition le peuple trouverait une compensation de la concession qu'il ferait de son droit et ne faisant rien par lui-même, il s'assurerait plus de garantie et ses intérêts ne seraient pas négligés. Il ne faut pas perdre de vue que la concession dont je parle ne doit s'entendre que de l'exercice. Le droit étant par sa nature inaliénable, ce serait aux hommes en faveur de qui la concession serait faite de ne pas en abuser, afin de conserver ce privilége. Leur propre intérêt leur en ferait un devoir; car les hommes les plus riches sont aussi ceux qui doivent plus tenir au maintien de l'ordre. Mais, pour que cet ordre soit rigoureusement observé, il ne faut laisser à ceux qui voudraient en devenir les ennemis aucun prétexte de le troubler. Conséquemment il faut être juste envers tous, car la justice seule fait respecter les hommes. Je termine par faire connaître à mes lecteurs que la profession mécanique que j'exerce, et cela depuis quinze ans, est celle de fabricant chapelier. En 1781, je faisais, au Collége de Vannes, ma classe de cinquième. La mort de mon père m'obligea de renoncer aux études, pour tenir la maison. J'étais l'aîné d'une famille de sept enfans. Dans le cours de la révolution, j'ai plus d'une fois été appelé par la confiance de mes concitoyens à remplir des emplois importans mais temporaires ; je m'en suis toujours acquitté en homme d'honneur. J'ai toujours été étranger à tout esprit de parti; je n'ai jamais

eu en vue que l'intérêt général et j'en donne la dernière
preuve en mettant au jour cet écrit. Si des considérations d'amour-propre avaient pu influer sur ma réso-
lution, certes, je ne l'eus pas fait. Je compte donc sur
l'indulgence de mes lecteurs ; ils ne peuvent me la refuser
pour ce qui concerne le style, d'après l'aveu que je viens
de leur faire concernant mon éducation, et moi, je réclame leur attention sur l'importance des principes que
je développe et des conséquences que j'en ai tirées. Je
désire surtout qu'ils soient comme moi, bien pénétrés de
cette maxime la patrie avant tout.

Patrie, patrie. . . Il nous étourdit passablement avec
son mot usé de patrie, ce vieux radoteur qui voudrait
nous ramener aux principes de sa vieille constitution de
1789. Elle était nationale, nous dit-il ; c'est vrai. Il était
même indispensable qu'elle le fût, il fallait bien pour
opérer une révolution comme celle de 1788, le concours
de tout le peuple, mais aujourd'hui ce n'est plus cela.
La restauration a procuré le privilége à nous qui payons
500 francs de contributions, d'être députés, et à ceux
de nos compatriotes qui paient 200 francs, l'insigne faveur de l'électorat. Nous nous en tenons là, diront plusieurs de mes lecteurs ; quelques uns même ajouteront :
De quoi se mêle cet homme ? Qu'il s'occupe de ses cha-
peaux : chacun son métier. Ils auront raison de le dire
si le système actuel peut se maintenir ; mais, s'il arrivait
de ces événemens que la prudence humaine ne peut
pas toujours prévoir, ces messieurs diraient alors : Ce
patriote de 89 voyait les choses venir de loin ; nous avons
eu tort de négliger ses conseils ; nous eussions dû nous
empresser, pour éviter de la part du peuple la réclamation intégrale de ses droits, lui accorder quelque
chose.

Admettons, messieurs, que, par votre opiniâtreté à
maintenir vos fausses doctrines, les événemens que je

prévois arrivent, je veux encore calmer vos inquiétudes pour leur résultat. Vous voyez que, dans ma constitution démocratique, je n'appelle à jouir de l'exercice des droits politiques que la portion du peuple que l'on appelait chez les Romains *populus*, et non celle qui était désignée par *plebs* et *plebicula*.

A la vérité il faudrait tous les cinq ans vous trouver avec ces gens-là. J'ai pris, messieurs, des moyens pour ménager votre susceptibilité vaniteuse. Du reste, si vous ne mettez aucune importance à être honoré de la confiance de ses concitoyens, vous n'y paraîtrez pas. Vous faites bien aujourd'hui sans le peuple; il pourra bien aussi alors se passer de vous.

Après l'émigration de la noblesse a-t-on manqué d'officiers distingués dans les régimens? Tous nos généraux étaient-ils fils d'hommes de 5o à 4,ooo fr. de revenus? Vous savez bien le contraire.

Vous redoutez la concurrence de la classe intermédiaire. A vos yeux, messieurs de la haute aristocratie, un électeur est un homme qui mérite une certaine considération; celui qui ne l'est pas doit être confondu dans la masse. Mais ne savez-vous pas que cette masse comporte en elle-même ce fluide électrique dont il est prudent d'éviter l'accumulation, si l'on veut se garantir des commotions révolutionnaires. Vous pouvez, messieurs, éviter ces malheurs, c'est d'extraire de cette masse les étincelles du génie et les parties alimentaires de l'industrie, alors vous serez à l'abri de toute explosion. Le ferez-vous? non certainement. Si vous lisez ceci rappelez-vous que ce conseil vous est donné par un homme désintéressé qui désirerait, autant que possible, concilier tous les intérêts et consolider sur des bases inébranlables la tranquillité publique sans que l'on soit obligé d'en venir à l'emploi de moyens coërcitifs qu'on peut facilement éviter en rendant justice à qui de droit..

FIN.

ERRATA.

Page 5, ligne 6, au lieu de *pairaient*, lisez *paieraient*.
— 5, — 16, au lieu de *Paris et Lyon*, lisez *Paris et de Lyon*.
— 5, — 21, au lieu de *tranquilité*, lisez *tranquillité*.
— 5, — 26, au lieu de *très grande*, lisez *très grande*.
— 5, — 28, au lieu de *je les ai signalé*, lisez *je les ai signalées*.
— 6, — 6, au lieu de *leur protégés*, lisez *protégés*.
— 6, — 15, au lieu de *ils sont reconnus*, lisez *s'ils sont reconnus*.
— 6, — 34, au lieu de *rafinemens*, lisez *raffinemens*.
— 16, — 18, au lieu de *le peuple concourt*, lisez *le peuple concoure*.
— 16, — 22, au lieu de *tranquilité*, lisez *tranquillité*.
— 21, — 16, au lieu de *ralignement*, lisez *ralliement*.
— 27, — 16, au lieu de *quelle prit*, lisez *qu'elle prît*.
— 32, — 20, au lieu de *décidé développer*, lisez *décidé de développer*.